Historia de California

Una guía fascinante de la historia del Estado Dorado, desde la época en que dominaban los nativos americanos hasta el presente, pasando por la exploración europea

© Copyright 2021

Todos los derechos reservados. Ninguna parte de este libro puede ser reproducida de ninguna forma sin el permiso escrito del autor. Los revisores pueden citar breves pasajes en las reseñas.

Descargo de responsabilidad: Ninguna parte de esta publicación puede ser reproducida o transmitida de ninguna forma o por ningún medio, mecánico o electrónico, incluyendo fotocopias o grabaciones, o por ningún sistema de almacenamiento y recuperación de información, o transmitida por correo electrónico sin permiso escrito del editor.

Si bien se ha hecho todo lo posible por verificar la información proporcionada en esta publicación, ni el autor ni el editor asumen responsabilidad alguna por los errores, omisiones o interpretaciones contrarias al tema aquí tratado.

Este libro es solo para fines de entretenimiento. Las opiniones expresadas son únicamente las del autor y no deben tomarse como instrucciones u órdenes de expertos. El lector es responsable de sus propias acciones.

La adhesión a todas las leyes y regulaciones aplicables, incluyendo las leyes internacionales, federales, estatales y locales que rigen la concesión de licencias profesionales, las prácticas comerciales, la publicidad y todos los demás aspectos de la realización de negocios en los EE. UU., Canadá, Reino Unido o cualquier otra jurisdicción es responsabilidad exclusiva del comprador o del lector.

Ni el autor ni el editor asumen responsabilidad alguna en nombre del comprador o lector de estos materiales. Cualquier desaire percibido de cualquier individuo u organización es puramente involuntario.

Índice

INTRODUCCIÓN 1

CAPÍTULO 1 - LA HISTORIA TEMPRANA Y LA LLEGADA DE LOS PRIMEROS HABITANTES DE AMÉRICA (AÑO DESCONOCIDO-1542) 9

CAPÍTULO 2 - EL ORIGEN DEL NOMBRE DE CALIFORNIA Y LA PRIMERA EXPLORACIÓN EUROPEA (1510-1602) 20

CAPÍTULO 3 - PRIMER ASENTAMIENTO EUROPEO Y CONTACTO CON LA POBLACIÓN NATIVA (1769-1821) 24

CAPÍTULO 4 - LA CALIFORNIA MEXICANA Y LOS AÑOS ANTERIORES A LA INCORPORACIÓN DE CALIFORNIA A LOS ESTADOS UNIDOS DE AMÉRICA (1821-1846) 32

CAPÍTULO 5 - LA GUERRA MEXICANO-ESTADOUNIDENSE Y LA ADQUISICIÓN DE CALIFORNIA POR LOS ESTADOS UNIDOS (1846-1848) 38

CAPÍTULO 6 - LA FIEBRE DEL ORO EN CALIFORNIA (1848-1860) 43

CAPÍTULO 7 - CALIFORNIA DURANTE LA GUERRA CIVIL Y EN LOS PRIMEROS AÑOS DE DESARROLLO (1860-1869) 51

CAPÍTULO 8 - CALIFORNIA DESPUÉS DE LA GUERRA CIVIL HASTA EL FINAL DEL SIGLO XIX (1865-1900) 58

CAPÍTULO 9 - CALIFORNIA EN EL SIGLO XX (1900-2000) 70

CAPÍTULO 10 - LA CALIFORNIA ACTUAL (2000-2021) 96

CONCLUSIÓN 98

VEA MÁS LIBROS ESCRITOS POR CAPTIVATING HISTORY 101

BIBLIOGRAFÍA 102

Introducción

Aunque California es conocida por sus numerosos monumentos, como el puente Golden Gate y el letrero de Hollywood, y por sus numerosas personalidades famosas, el estado tardó muchos siglos en convertirse en lo que es hoy, y no fue hasta 1850 cuando California fue considerada un estado americano.

La historia más antigua de California se remonta a muchos milenios atrás, entre 10.000 y 14.000 años. Sin embargo, estos años distan mucho de ser exactos, ya que sigue siendo una cuestión muy debatida entre los expertos. Independientemente de cuándo aparecieron los primeros pobladores, no se discute cómo llegaron los primeros habitantes de América. Hace miles de años, los cazadores procedentes de Asia viajaron a lo largo de un puente de tierra que conectaba Asia con Alaska, conocido como el estrecho de Bering, mientras perseguían a sus presas prehistóricas. Con el tiempo, estos pueblos llegaron a Norteamérica, donde se dividieron gradualmente y se extendieron por el continente, llegando finalmente a California, probablemente siguiendo la costa del Pacífico. A diferencia de los primeros pobladores de Canadá u otros estados de Estados Unidos, los primeros pobladores de California se dividieron en cientos y cientos de grupos más pequeños, ya que algunos querían asentarse mientras otros seguían emigrando. Con el tiempo, los primeros habitantes de California establecieron tribus por todo el estado. Sin embargo, los grupos tenían poco contacto entre sí, lo cual es otro aspecto que diferencia a los primeros pobladores de California de los primeros pobladores de otras partes del país. Esto se debía principalmente al accidentado paisaje de California, que hacía que viajar largas distancias fuera menos conveniente que en otros lugares. Además, la amplia vida silvestre y botánica de la región hacía que fuera necesario emigrar menos para encontrar comida. Dado que la región de California es conocida por sus diversos paisajes, que incluyen, entre otros, los lluviosos bosques de secuoyas, la costa del océano Pacífico, el desierto de Mojave, las montañas nevadas de Sierra Nevada, las fértiles llanuras del Valle Central, así como varios ríos, lagos y microambientes más pequeños, cada tribu adaptó rápidamente su propia cultura, tradiciones y estilo de vida, que habría dependido de su ubicación. En general, los primeros pobladores de California fueron bastante pacíficos, sobre todo porque los grupos tenían poco contacto, lo que permitió a las tribus establecer realmente sus culturas y sistemas sin interrupciones violentas. En el siglo XVI, los primeros colonos de California, que habían viajado juntos a través del estrecho de Bering, se dividieron en más de 500 tribus repartidas por toda la región de California, con unos 135 dialectos únicos distintos.

Mientras los nativos americanos de California establecían sus culturas, el resto de Estados Unidos se iba descubriendo poco a poco en el transcurso de los siglos XV y XVI. Aunque los españoles no hicieron ningún movimiento para colonizar California hasta el siglo XVIII, se cree que California recibió su nombre a principios del siglo XVI. Aunque se discute el verdadero origen del nombre del estado, la historia más común es que el nombre proviene de la novela de ficción *Las Sergas de Esplandián*, escrita por el autor español Garci Rodríguez de Montalvo. El thriller romántico estaba ambientado en una isla de suelo arenoso que escondía oro y riquezas. La isla estaba situada a la derecha de las Indias, en referencia al sudeste asiático. Aunque California no es una isla y los españoles no tenían idea del oro de la región en ese momento, incluso antes de que los europeos descubrieran California por primera vez en 1542, se referían a la masa de tierra al norte de México como la isla de California. Cuando los españoles exploraron lo que acabaría convirtiéndose en el golfo de California, se descubrió más tarde que California era, de hecho, una península unida a una masa de tierra mucho mayor. En el transcurso de los primeros años del siglo XVI, California fue descubierta poco a poco, ya que los españoles exploraron y reclamaron las zonas cercanas a su colonia de México; sin embargo, la región permaneció completamente intacta por los europeos hasta el siglo XVIII, dejando que los nativos americanos de California siguieran desarrollando su cultura y aumentando su población. Se calcula que en el siglo XVIII había entre 300.000 y 700.000 nativos americanos en la región de California.

En el siglo XVIII, mientras los Estados Unidos de América ya habían iniciado su revolución, los españoles volvieron finalmente a California para explorar y colonizar la región que habían reclamado siglos atrás. Las principales razones del renovado interés de España por California eran que los misioneros querían convertir a la población nativa de la región y que España temía que otros países intentaran reclamar la tierra como propia, siendo Rusia la principal amenaza, ya que cazaban nutrias en Alaska y empezaban a perseguirlas por la costa del Pacífico, tal y como habían hecho los nativos americanos milenios antes. En 1769, los exploradores españoles, liderados por Gaspar de Portolá, zarparon de México e iniciaron el viaje de colonización de California. Aunque la ruta era peligrosa y los mapas eran defectuosos, los barcos finalmente alcanzaron California y llegaron a la actual San Diego. Tres meses después de su llegada, el padre Junípero Serra, que había estado en uno de los barcos, creó la primera misión de California, y comenzó a establecer contacto con los nativos americanos para poder empezar a convertir a las tribus al cristianismo. Las tribus, que habían vivido ininterrumpidamente durante miles de años, estableciendo sus propias religiones, culturas y estilos de vida, no tuvieron muchas opciones, ya que a menudo se les obligaba con violencia a convertirse al cristianismo. Sin embargo, el movimiento misionero no impuso solo la religión cristiana, sino también el modo de vida colonial europeo. Los nativos americanos se veían obligados a vivir en estrechos recintos amurallados, aunque ya tuvieran aldeas establecidas en las cercanías, y se les enseñaba rápidamente el español junto con muchas habilidades laborales tradicionales europeas, como la herrería y la fabricación de ladrillos. Durante los siguientes treinta años, la Misión de San Diego establecería extensos sistemas de riego de inspiración europea, que ayudarían a los nativos americanos en su trabajo forzado de cultivar decenas de miles de acres. Aunque los nativos americanos trabajaron para cultivar la tierra y crear un excedente de alimentos, no obtuvieron ninguna recompensa, ya que los alimentos se destinaron a alimentar a los colonos europeos. Los excedentes se intercambiaban con México, lo que permitía a los españoles adquirir artículos de lujo.

Durante los años siguientes, Gaspar de Portolá y Junípero Serra siguieron estableciendo su presencia en California; sin embargo, la colonización no se produjo realmente hasta después de 1773. El pequeño grupo que había llegado en barco a California apenas era suficiente para establecer una presencia europea en la región, y los españoles de México y España no estaban dispuestos a embarcarse en otro largo viaje por las peligrosas aguas del Pacífico para llegar a California. La tierra tampoco era mucho más segura, y con los desiertos y el paisaje escarpado de California, ningún europeo había conseguido encontrar un paso seguro entre México y California, pero eso cambiaría cuando se le encomendó la tarea a Juan Bautista de Anza. En 1774, con la ayuda de los nativos americanos, Anza descubrió un camino seguro hacia California y, al año siguiente, condujo a 240 hombres, mujeres y niños, esta vez junto con 700 caballos y mulas y unas 350 reses, hasta California, donde formaron la ciudad de San Francisco. Los españoles habían conseguido crear las primeras ciudades reales de California y, al mismo tiempo, reducir la población de nativos americanos en más de 100.000 personas. Sin embargo, en el siglo XIX, California ya no sería suya para colonizarla.

Al igual que Estados Unidos se liberó de Gran Bretaña en 1776, México se independizó de España en 1821 y, al mismo tiempo, la recién creada República de México adquirió California. México expulsó rápidamente a los misioneros españoles y parceló las tierras de los misioneros en concesiones de tierras, conocidas como ranchos. Estas concesiones de tierras, concedidas a una serie de civiles mexicanos y españoles muy apreciados, crearon la primera élite empresarial de California, que anteriormente había sido dirigida por la iglesia. Aunque la población nativa americana fue liberada de los misioneros, muchos de ellos acabaron trabajando como siervos en los ranchos californianos, su situación solo mejoró ligeramente. Aunque el control mexicano sobre California era mucho menos fuerte que el de la iglesia española en los años anteriores, los californianos no estaban satisfechos con los nuevos sistemas establecidos por la República de México, y el resentimiento público empezó a crecer. Durante el periodo de la California mexicana, Estados Unidos fue aumentando su propio interés en adquirir la región, y llegaron inmigrantes de todo el país, lo que no hizo sino aumentar la ya creciente hostilidad californiana hacia México. Tras la revuelta de la Bandera del Oso de 1846, en la que un pequeño grupo de estadounidenses izó la primera iteración de la bandera del estado de California y declaró la independencia de California de México, Estados Unidos y México entraron en guerra por el estado de California, entre otras cuestiones. Finalmente, el 2 de febrero de 1848, la guerra mexicano-estadounidense terminó y California se convirtió oficialmente en parte de los Estados Unidos, aunque tendría que esperar para lograr la condición de estado hasta alcanzar un mínimo de 60.000 habitantes.

Al final de la guerra, California tenía una población bastante reducida, y parecía que podría pasar al menos una década antes de que California adquiriera la condición de estado. Sin embargo, superarían el requisito de 60.000 personas y conseguirían la condición de estado en 1850. La razón de este increíble aumento de población fue el descubrimiento de oro cerca de la actual Sacramento, tal y como había predicho la novela de Garci Rodríguez de Montalvo, *Las Sergas de Esplandián*. Aunque el oro se descubrió nueve días antes del final de la guerra entre México y Estados Unidos, la noticia no llegaría a Estados Unidos ni al resto del mundo hasta meses después. Sin embargo, los californianos se enteraron con bastante rapidez, y forraron las colinas cercanas al río donde se había encontrado el oro con tiendas temporales y cabañas de madera. En 1849, la fiebre del oro había comenzado oficialmente, y la gente venía de todo el mundo para intentar hacerse rica en las minas de oro de California. En el transcurso de 1849, se calcula que llegaron a California unas 80.000 personas, conocidas como "49ers". Al año siguiente, tras algunos debates, California obtuvo la condición de estado. La fiebre del oro dio a luz a la economía de California, ya que muchos de los que llegaron a California se dieron cuenta rápidamente de que, entre toda la competencia, uno tendría más éxito si montaba negocios en torno a la fiebre del oro en lugar de extraer oro por sí mismo. Al final de la fiebre del oro, más de 300.000 personas habían emigrado de forma permanente a California, lo que obligó a este estado a ampliar sus ciudades y a la agricultura y la manufactura internas. Como resultado, se desarrolló rápidamente una economía local y California se volvió atractiva incluso para aquellos que no estaban interesados en la fiebre del oro.

La fiebre del oro de California ayudaría a financiar a la Unión durante la guerra civil estadounidense, y al final de la guerra, los Estados Unidos se dieron cuenta de la importancia de su recién adquirido estado y de la desventaja de no estar conectado con el resto de los Estados Unidos. El final de la guerra civil trajo consigo el ferrocarril transcontinental, que, a su vez, provocó otra inmigración masiva a California. También se fomentó la expansión del sur de California, que hasta entonces había permanecido habitado en su mayor parte por los nativos americanos, y los nuevos colonos no tardaron en expulsar a los nativos de sus tierras. A finales del siglo XIX, California sería una sociedad diversa y multicultural, con su propia economía local en auge y nada más que crecimiento en primera línea.

En 1900, la población de California había crecido hasta superar el millón de personas, y la economía seguía floreciendo, a pesar de que en ese momento se había extraído casi todo el oro del estado. Cada década se abrían nuevas industrias cuando cambiaban las demandas. Por ejemplo, los suburbios de California crecieron con el auge de la industria del automóvil y del petróleo, y las industrias de fabricación de armas y aviones de California nacieron cuando Estados Unidos se unió a la Primera Guerra Mundial. Aunque hubo graves recesiones, sobre todo la de 1929, que provocaría la Gran Depresión, la economía de California siempre encontró la forma no solo de recuperarse, sino de crecer astronómicamente en el proceso. La Segunda Guerra Mundial sería, en muchos sentidos, una segunda fiebre del oro para California, ya que millones de personas acudirían al estado en busca de trabajo.

Aunque la inmigración masiva a California fue positiva para la economía del estado, no fue beneficiosa para todos, especialmente en lo que respecta a la población nativa americana, que se vería obligada a trasladarse a reservas, a menudo en otros estados. Con el auge de la población, California se convirtió rápidamente en uno de los estados más multiculturales del país, lo que no estuvo exento de problemas. Mientras que los estadounidenses blancos prosperaban en la economía californiana, había poca movilidad ascendente para los extranjeros o incluso para las minorías raciales que, en ese momento, habían sido ciudadanos de California durante décadas. Con el crecimiento de la economía creció la división entre los ricos y los pobres que había comenzado en los días de los ranchos de la California mexicana. California se convertiría rápidamente en sede de protestas, manifestaciones y diversos movimientos sociales. Aunque el estado casi siempre había sido principalmente republicano, a finales del siglo XX, California se convertiría en uno de los estados más diversos, de tendencia izquierdista y progresista del país, y en el siglo XXI, las protestas, concentraciones y diversos movimientos sociales a lo largo de los años atrajeron a otras personas de mentalidad abierta al estado, transformando a California en un importante estado demócrata.

Capítulo 1 - La historia temprana y la llegada de los primeros habitantes de América (año desconocido-1542)

En 1492, el explorador italiano Cristóbal Colón reclamó para España la tierra que había descubierto en América, pero en ese momento de la historia ya había muchas comunidades de personas que habitaban la tierra y lo habían hecho durante miles de años. Los primeros habitantes de California no eran italianos como Cristóbal Colón ni tampoco españoles; de hecho, no eran ningún tipo de europeos. En cambio, venían de Asia y viajaron por un puente de tierra que ya no existe en los océanos Ártico y Pacífico. Se cree que este antiguo puente, conocido como el estrecho de Bering, era en su mayor parte un humedal de hierba, pero al subir el nivel del agua, la tierra quedó cubierta por el agua que conecta Siberia con lo que hoy es Alaska. Independientemente de si el estrecho de Bering era tierra en su momento o como lo es ahora, un puente helado, los primeros habitantes de América hicieron todo un viaje, ya que la distancia más estrecha entre la Rusia continental y América en la actualidad es de unos ochenta y ocho kilómetros (cincuenta y cinco millas). Lo que hizo posible este viaje, que se hizo a pie, fue el clima más cálido y el acceso a los alimentos, y aunque los historiadores no están muy seguros de la vegetación del estrecho de Bering, los viajeros tenían al menos la carne de las presas que cazaban.

Aunque pocos expertos discuten que los primeros pobladores de California procedían de Asia y llegaron a América tras cazar y seguir a los mamuts lanudos, bisontes esteparios y otros mamíferos prehistóricos a través del estrecho de Bering, el momento exacto de su llegada es un punto de controversia entre la mayoría de los historiadores y expertos. La creencia más extendida es que los primeros pobladores de América pisaron el continente hace entre 10.000 y 20.000 años y se extendieron gradualmente por Norteamérica hasta llegar a lo que hoy es California, Baja California y Sudamérica. Sin embargo, un controvertido descubrimiento realizado en Cerutti Mastodon, un yacimiento paleontológico y arqueológico situado en el condado de San Diego (California), contradice esa opinión común. En 1992, durante la construcción de la Ruta Estatal 54 de California, el equipo de trabajadores de la construcción que manejaba la excavadora desenterró algo más que tierra y rocas del suelo. Los trabajadores descubrieron grandes fragmentos de hueso en el lugar, que al seguir excavando también contenían el esqueleto de un mastodonte, escamas de hueso y varias piedras grandes. Se cree que el lugar fue utilizado por los antiguos humanos hace entre 120.000 y 140.000 años como una "cantera de huesos", donde la gente habría utilizado martillos de piedra para aplastar los huesos de mastodonte con el fin de utilizar el material. Por supuesto, esto situaría a los primeros habitantes de América más de cien mil años antes de la fecha que se cree comúnmente de su llegada. Los paleontólogos y arqueólogos tardaron hasta 2011 en situar realmente la fecha del yacimiento, lo que se consiguió con la ayuda de las cantidades de uranio y torio encontradas en los huesos de mastodonte. Dado que los expertos tardaron tanto tiempo en datar el yacimiento, y que los datos no son del todo fiables, precisos o infalibles, sigue habiendo mucha controversia sobre la fecha real de llegada de los primeros pobladores de América. Muchos historiadores prefieren ceñirse al periodo más probado de hace 10.000 y 20.000 años hasta que aparezcan más pruebas que indiquen lo contrario.

Independientemente de la fecha en que los colonos asiáticos pisaron por primera vez América, se sabe que el grupo comenzó a dividirse en tribus y naciones más diferenciadas mientras se extendía gradualmente por lo que hoy es Canadá, Estados Unidos y, finalmente, Sudamérica. Lo que hace que los primeros habitantes de California sean únicos con respecto a los demás pueblos nativos de América es el gran número de naciones y tribus diferentes que hay en el estado, todas ellas con su propia cultura, tradiciones y estilo de vida. Esto se debe a la diversidad de paisajes y hábitats de California, que todavía existen en el estado. A medida que las naciones se fueron dividiendo y extendiendo por la vasta tierra de California, desarrollaron sus propios estilos de vida basados en el paisaje que les rodeaba. Algunas adaptaron estilos de vida agrícolas sedentarios, mientras que otras eran nómadas y dependían de la caza y la recolección para su sustento. Como las pequeñas tribus se aislaron en sus entornos únicos, desarrollaron sus propios dialectos, tradiciones y culturas, que diferían enormemente de sus vecinos más cercanos. Se calcula que los primeros pueblos de América, que viajaron juntos a través del estrecho de Bering, se dividieron en más de 500 tribus repartidas por todo el estado de California y dieron lugar a unos 135 dialectos únicos distintos.

Lo que contribuyó en gran medida a consolidar la diversidad de los primeros pueblos de Norteamérica fue el paisaje escarpado y difícil de atravesar de California, que aisló a las distintas tribus entre sí. Aunque las naciones estaban familiarizadas con los viajes por tierras escarpadas, ya que habían atravesado gran parte de la costa del Pacífico de América del Norte cuando llegaron a California, una vez que las naciones se asentaron en sus respectivos hogares, tendieron a quedarse en la zona. Dado que el estado de California es ideal para varios tipos de flora y fauna, había muchas menos naciones nómadas que en el resto de Norteamérica, y las tribus que eran nómadas no tenían que viajar tan lejos para encontrar comida. Lo que esto significa es que había mucha menos interacción entre las diversas tribus de California y que también había poca guerra, especialmente si se compara con las primeras tribus de otros estados. En general, las primeras tribus de California tuvieron una vida relativamente pacífica, lo que les permitió desarrollar sistemas y culturas más elaboradas y complejas que las tribus sometidas a guerras destructivas y de distracción. La única interacción exterior que tenían muchos de estos pueblos era con las tribus vecinas, que, debido a la proximidad, probablemente compartían algunos aspectos culturales. Por supuesto, también participaban a menudo en el comercio de bienes y servicios entre ellos. Estos sistemas de comercio anormalmente pacíficos permitieron a los primeros colonos de California diversificar y desarrollar aún más sus objetos materiales. Como las tribus de California eran tan pequeñas y estaban tan unidas, no había necesidad de estructuras políticas estrictas, a diferencia de las naciones más grandes del resto de Norteamérica.

Dado que cada nación individual se desarrolló en relativo aislamiento, una tribu del norte de California no tendría casi ningún parecido cultural con una tribu del sur de California. Dicho esto, dado que se puede escribir un libro entero sobre cualquiera de las tribus únicas, agrupar los cientos y cientos de tribus de los primeros colonos de California en categorías basadas en el paisaje y la ubicación solo permitirá una pequeña visión de las interesantes culturas y la diversidad entre los nativos californianos. Teniendo en cuenta que las tribus vecinas compartían algunas similitudes culturales, simplemente basadas en el paisaje y la comunicación que compartían, los historiadores suelen agrupar a las tribus de California en las siguientes categorías: Tribus del noreste, tribus del noroeste, tribus del centro y tribus del sur.

Tribus del noreste

Al igual que el resto de California, el paisaje del noreste de California es extremadamente variado, y hay cientos de tribus diferentes y únicas que habitan esta región del estado. Dicho esto, algunas de las tribus más discutibles son los Modoc, Achumawi y Atsugewi. Las tribus Achumawi o Achomawi estaban situadas entre Big Bend y Goose Lake, más al este de la región noreste. Esta nación llegó a ser conocida como la gente del río, ya que su dieta era extremadamente dependiente de la pesca, más que otras tribus. Las tribus Atsugewi, que mantenían relaciones comerciales y de comunicación con las tribus Achumawi, residían principalmente en los alrededores del monte Shasta, que es uno de los picos más altos de California. Este grupo, al igual que otras tribus de la zona, llegó a ser conocido como los "indios del río Pit" (Pit significa hoyo en inglés) debido a los pozos que se excavaban en los arroyos locales y sus alrededores para facilitar la captura de la caza. Los atsugewi y los achumawi no solo tenían conexiones comerciales, sino que, dado que sus comunidades no estaban muy alejadas, también solían tener dietas similares, que incluían bayas, ciervos, conejos, semillas de hierba y juncos. Muchas de las tribus de la región oriental del noreste de California también aprovechaban la abundancia de juncos, que es una planta acuática, no solo comiéndolo, sino también uniéndolo para crear alfombras en el suelo. La tribu Modoc, que hoy en día ya no habita en California (ya que se ha trasladado a Oregón y Oklahoma), puede ser una de las más conocidas del estado debido a las intensas guerras que posteriormente se producirían contra el ejército de Estados Unidos a finales del siglo XIX. Antes de la llegada de los europeos, la tribu Modoc estaba dispersa por el noreste de California, ya que migraban estacionalmente para cazar y recolectar. Durante los meses de invierno, permanecían sedentarios en alojamientos semisubterráneos con forma de colmena, construidos con madera y barro.

Por supuesto, había muchas más tribus que habitaban y aún habitan la región noreste de California, incluidas algunas que recolectaban obsidiana para el comercio en las montañas volcánicas del estado. Cualquier tribu que pudiera hacerse con ella afilaba la obsidiana para crear objetos ceremoniales, cuchillos, armas de caza y, más tarde, armas de guerra. Como el vidrio volcánico es extremadamente afilado y fuerte, se convirtió en una mercancía muy codiciada.

Tribus del noroeste

Al igual que en la región noreste de California, en el oeste existen muchos paisajes, climas y entornos diferentes que fueron habitados por cientos de tribus, cada una con su propia cultura y dialectos distintivos. Algunas de las tribus más conocidas del noroeste son las tribus Tolowa, Shasta, Karok, Yurok Hupa Whilikut, Chilula, Chimarike y Wiyot, y, al igual que la tribu Modoc del este, muchas de estas naciones se dieron a conocer debido a su participación en lo que se conoce como las guerras indias norteamericanas a finales del siglo XIX. El noroeste de California es conocido por sus bosques de secuoyas y la costa del Pacífico, así como por algunas montañas, lagunas, bahías, ríos y otros cursos de agua. Muchas de las tribus del noroeste aprovecharon los densos bosques de secuoyas que tenían a su disposición y utilizaron la madera para construir casas, que construyeron con un diseño rectangular a dos aguas. Dado que las tribus derribaban árboles monstruosos que, cuando maduran, tienen una altura media de 200 a 240 pies (60 a 73 metros), era necesario realizar muchas talas no solo para derribar los enormes árboles, sino también para separar la madera en piezas manejables. Como las tribus no disponían de muchas de las herramientas efectivas que tenemos hoy en día para derribar árboles, quemaban las bases y luego cortaban el árbol y lo dividían con cuñas de cuerno de alce. Aunque las tribus atravesaban los bosques de secuoyas a pie para talar los árboles, su principal medio de desplazamiento y transporte eran las canoas, que también construían con la madera de la secuoya. Dado que el noroeste de California está plagado de diferentes vías fluviales, muchas de las cuales desembocan en el océano Pacífico, viajar en barco era el medio de transporte más eficaz. Las tribus del noroeste solían establecer sus aldeas a lo largo de las vías fluviales, lo que hacía que el comercio y las relaciones entre las tribus fueran más comunes que con las del este, que estaban separadas por un terreno accidentado.

Los pueblos que habitaban la región del noroeste de California sufrieron muchas carencias alimentarias y desastres naturales, concretamente terremotos e inundaciones, algo con lo que los californianos siguen lidiando hasta el día de hoy. Para protegerse de las numerosas catástrofes potenciales que asolaban a los habitantes de la región, muchas tribus tenían sus propias tradiciones, ceremonias y rituales, que practicaban tanto si la comunidad carecía de alimentos como si no. Además, las tribus del noroeste tenían sus propias tradiciones artísticas y artesanales únicas, que pueden verse mejor en su fabricación de cestas. Las tribus del noroeste son conocidas por sus cestas trenzadas, que destacan frente a las de otras tribus que tenían acceso a materiales artesanales diferentes. Otra diferencia entre las tribus del noroeste y muchas otras naciones nativas de Norteamérica es que las tribus del noroeste tenían una clara jerarquía en la que el linaje importaba, y los que estaban en la cima tenían más acceso a la riqueza, que, en su época, era la propiedad privada de abundantes recursos alimenticios.

Tribus centrales

El centro de California es un gran territorio vagamente dibujado en el centro del estado, que contiene muchos paisajes y entornos diferentes y, por supuesto, naciones nativas americanas. Algunas de las tribus más conocidas que habitan la costa del Pacífico, los valles y las cordilleras del centro de California son las naciones Pomo y Miwok, pero, por supuesto, estas dos apenas arañan la superficie. La tribu Pomo es muy conocida hoy en día por sus cestas enrolladas y de hilo, que están elaboradas con intrincados cambios de color y trabajos de dibujo, que parecen más obras de arte que recipientes funcionales. La nación Pomo también es conocida por su proximidad a lo que hoy es la ciudad de San Francisco. Los pomo son conocidos por su práctica de la religión Kuksu, que es una religión nativa americana compartida entre unas pocas naciones del norte y del centro de California. Tradicionalmente, los que practican el Kuksu tienen ceremonias muy específicas que se practican para asegurar la buena fortuna en las cosechas, la fertilidad y otros asuntos importantes.

Los miwok, que están repartidos por todo el centro de California, siguen teniendo una población mayor que la mayoría de las demás naciones de California. Solo dentro de la nación miwok, había siete dialectos y culturas distintas, y en la época del contacto europeo, la tribu se había extendido en más de cien pequeños pueblos separados. Al igual que el resto de los nativos americanos, incluso los de fuera de California, cada tribu miwok estableció y desarrolló sus propias costumbres y estilo de vida en función del lugar en el que vivían, del número de personas que formaban la tribu y de otros factores. Las tribus miwok situadas cerca de la costa vivían en alojamientos parcialmente subterráneos cubiertos de tierra y palos, y recogían bellotas, pescaban y cazaban ciervos y caza menor con arco y flechas. Los miwok de las llanuras y la sierra, también conocidos como miwok del interior, vivían en alojamientos semisubterráneos cubiertos de tierra. Cuando cazaban en las montañas, lo que hacían en los meses más cálidos, vivían en alojamientos temporales montados rápidamente. Al igual que la nación Pomo, muchas de las tribus miwok del interior practicaban activamente el Kuksu.

Aunque otras tribus de la región centralizada tenían sus propios sistemas y tradiciones, su proximidad general en la ubicación significa que muchas de ellas compartían algunos elementos de estilo de vida. Ya sea en las montañas o en la costa, las tribus del centro de California eran en su mayoría grupos de cazadores-recolectores que generalmente disfrutaban de una abundancia de alimentos como bellotas, ciervos, conejos, alces, antílopes y salmones. En todo el centro de California, el hogar semisubterráneo era bastante popular, aunque las distintas tribus tenían diferentes revestimientos en función de los materiales disponibles. Además, las tribus del centro del estado solían ser muy espirituales. La religión no se limitaba a los seguidores de Kuksu, ya que muchas tribus tenían sus propias prácticas y costumbres para rezar por la buena suerte y recordar los patrones de renovación del mundo y el círculo de la vida.

Tribus del Sur

Dado que el territorio del sur de California abarca una extensión de tierra tan grande, con algunos de los entornos más diversos de todo el estado, incluyendo desiertos y pequeñas islas, lo mejor es dividir la región en secciones más pequeñas para comprender plenamente las diferentes tribus que se asentaron aquí. En el norte del sur de California hay muchas tribus, como las tribus Luiseno Cahuilla, Kitanemuk y, probablemente la tribu más conocida de California, la Chumash.

Los chumash son una de las naciones más conocidas del estado debido a que fueron una de las primeras tribus con las que los españoles tuvieron contacto a principios del siglo XVI. Aunque el pueblo Chumash tenía una población significativamente mayor que muchas de las otras tribus de California, algunas con más de mil personas, no estaban tan extendidas como las tribus Miwok, de tamaño similar, y en cambio estaban todas centradas alrededor de las islas del Canal. Como la tribu vivía en varias islas, utilizaban canoas de doble casco conocidas como tomols, que estaban diseñadas para transportar cientos, si no miles, de libras de mercancías y pasajeros. Con la ventaja de estar rodeados de agua y su arte para construir embarcaciones eficientes, los chumash viajaban a menudo a las otras islas y a la masa continental principal para comprar, vender y comerciar utilizando cuentas de almeja como forma de moneda. Los chumash no solo eran hábiles fabricantes de barcos, ya que la tribu también era conocida por sus hábiles artesanos, que creaban herramientas de madera, intrincadas cestas y esculturas de piedra de jabón. Establecían sus aldeas en el agua y vivían en casas bastante grandes con forma de cúpula, formadas por muchas habitaciones que compartían con varios miembros de su familia. Como las tribus vivían en el agua, una de sus principales fuentes de sustento era el pescado, junto con otros animales marinos. Como muchas de las tribus de California, la nación Chumash dependía en gran medida de la recolección de bellotas. La razón por la que las bellotas no son un fruto seco de consumo habitual hoy en día es que contienen muchos taninos amargos, que pueden ser tóxicos si se consumen en grandes cantidades. Sin embargo, las tribus Chumash encontraron formas de eliminar el sabor amargo y la toxicidad de las bellotas y las convirtieron en un alimento básico en su dieta. En contraste con sus grandes poblaciones de mil personas o más en las islas del Canal, las comunidades Chumash en el desierto del sureste de California eran a menudo tan pequeñas como 100 personas.

Los cahuillas y los serranos eran dos grupos distintos que se extendían por el sur del estado, pero ambos tenían pueblos en los desiertos del sur de California. Para protegerse del sol y el calor extremos, la gente construía sus casas de forma cónica con cualquier material nativo de su ubicación, como el tule o la hierba flecha. Dado que los europeos viajaban poco por el desierto californiano y que las tribus nativas del desierto solían ser bastante pequeñas, no se sabe mucho sobre los primeros pobladores que se establecieron en estas duras y calurosas condiciones. Dicho esto, tradiciones como la cestería, la cerámica de arcilla, los tatuajes, la talla en piedra arenisca, etc., se han transmitido de generación en generación y ofrecen algunos indicios de cómo podían vivir los primeros pobladores.

En general, parece que las tribus sudcalifornianas compartían muchas prácticas y sistemas, como el nombramiento de un jefe, la creencia en el chamán del pueblo y la separación de las tribus en clases sociales.

Los nativos americanos antes de la llegada de los europeos

Aunque la población nativa de Estados Unidos lleva allí al menos 10.000 años, algunos dirían que incluso 100.000, no se sabe mucho sobre su historia con certeza. La mayor parte de lo que sabemos sobre los primeros pobladores de Estados Unidos procede de los descubrimientos arqueológicos que se ajustan a los relatos históricos europeos, a las tradiciones actuales de los nativos americanos y a su historia, que se ha transmitido de boca en boca durante generaciones. Aunque hemos intentado resumir a los nativos americanos por regiones geográficas en California, muchos de los pueblos que estaban cerca unos de otros tenían muy pocas similitudes en cuanto a costumbres, tradiciones y rituales. Tras miles de años de evolución y desarrollo de su propia cultura, bien podrían haberse convertido en una raza diferente y, sin embargo, al haber llegado todos juntos, se les agrupa. Las diferencias en los alojamientos demuestran perfectamente lo diferente que vivían las tribus. Había casas semisubterráneas cubiertas de tierra, viviendas en forma de cúpula, refugios en el desierto con forma de cono, casas de madera, grandes casas familiares con varias habitaciones, pequeñas tiendas de caza nómadas y casas temporales con estructura de madera. Algunas tribus viajaban a pie, mientras que otras lo hacían en barco. Desgraciadamente, la mayoría de las tribus nativas que se conocen hoy en día solo lo son por sus casinos, su maltrato por parte de los europeos y las guerras con los estadounidenses más adelante en la historia. Sin embargo, tenían cientos de culturas únicas que existían mucho antes de que los europeos reclamaran América. A la llegada de los españoles a California en 1542, había alrededor de 130.000 nativos americanos en lo que hoy se define como el estado de California, pero todavía se desconoce mucho sobre los pueblos que vivían en Estados Unidos antes de la llegada de los europeos en el siglo XVI.

Capítulo 2 - El origen del nombre de California y la primera exploración europea (1510-1602)

Dieciocho años después de que Cristóbal Colón navegara por el océano Atlántico y pusiera el pie en América en 1492, en lo que hoy se reconoce como las Bahamas, y tres años antes de que Juan Ponce de León se convirtiera en el primer europeo en pisar los Estados Unidos de América en 1513, se cree que California recibió su nombre. Aunque se discute si el verdadero origen del nombre de California es, de hecho, de los nativos americanos o de los europeos, la opinión más popular es que el nombre se origina en una novela de ficción titulada *Las Sergas de Esplandián*. El thriller romántico, escrito por el escritor español Garci Rodríguez de Montalvo, se publicó en 1510, unos cinco años después de la muerte del autor, lo que significa que el futuro nombre del estado probablemente se conceptualizó muchos años antes de 1505. La novela sigue las aventuras de la mítica y bella reina y guerrera amazona, Calafia, que, acompañada de su grifo mascota, gobernaba una isla de mujeres. Garci Rodríguez de Montalvo describió que la isla de la reina Calafia tenía un suelo arenoso y escondía oro y riquezas. Esta isla paradisíaca descrita en *Las Sergas de Esplandián* recibió el nombre de California. Se desconoce si el nombre procede realmente de la novela de Garci Rodríguez de Montalvo; sin embargo, fue la primera aparición escrita del nombre California, y dado que la novela había sido algo popular en España antes de que los españoles pisaran lo que acabaría siendo California, tiene sentido que el nombre pudiera proceder de *Las Sergas de Esplandián*.

Un año después de la publicación de la novela de Garci Rodríguez de Montalvo, el explorador español Vasco Núñez de Balboa se convirtió en el primer europeo en divisar la costa del Pacífico. Aunque técnicamente no pisó California ni ningún lugar de la costa del Pacífico, mientras exploraba Panamá en 1513, a la que los viajeros llegaron desde el océano Atlántico, se dice que Vasco Núñez de Balboa subió a una montaña y divisó el océano Pacífico. Ese mismo año, el explorador español Juan Ponce de León se convirtió en el primer europeo en pisar los Estados Unidos de América tras establecerse en Puerto Rico y navegar hasta Florida.

En 1519, los españoles iniciaron la conquista de México y, en 1521, Hernán Cortés derrotó oficialmente a los aztecas y consiguió conquistar México. Tras su conquista en México, el español siguió explorando tanto el golfo de México, que le llevaría a Honduras, como la costa del Pacífico mexicano. Al envejecer, Hernán Cortés dejó de dirigir expediciones y comenzó a encargar a otros exploradores que satisficieran su curiosidad. Sería uno de sus exploradores comisionados, Francisco de Ulloa, quien dirigiría la exploración del golfo de California, que bautizó como mar de Cortés en 1539. Las exploraciones de Francisco de Ulloa a finales de la década de 1530 detallaron que California era, de hecho, una península, aunque pasarían años hasta que esto se considerara un hecho, ya que todavía se creía comúnmente que la tierra al noroeste de México era una isla. Durante las expediciones de Francisco de Ulloa, este también descubrió el río Colorado.

En 1540, después del descubrimiento de Francisco de Ulloa, el explorador Hernando de Alarcón fue enviado a navegar por el río Colorado. Para entonces, los europeos ya conocían la Baja California, pero no fue hasta la expedición de Hernando de Alarcón que ningún europeo había visto la Alta California, que se refiere a la región superior del estado. A principios del siglo XVI, los exploradores aún no sabían si California era una isla o una península, ni tenían idea de que el estado estaba unido a un continente mucho mayor. Sin embargo, dado que nadie había puesto el pie en California hasta entonces, la masa de tierra se denominaba isla de California. En el verano de 1542, el explorador español Juan Rodríguez Cabrillo partió del puerto mexicano de Navidad en una expedición por el golfo de California (entonces mar de Cortés) hasta el río Colorado. Se dice que Cabrillo y su tripulación pisaron por primera vez el estado de California, al que llamaron Alta California, el 28 de septiembre de 1542. Exploraron las bahías de San Diego y Monterrey, lo que les convirtió en los primeros europeos que no solo pisaron el actual estado de California, sino que también fueron los primeros en tener contacto con los nativos californianos. Juan Rodríguez Cabrillo estimó que probablemente había más de 100.000 nativos americanos viviendo en California a su llegada en 1542.

Tras el descubrimiento oficial de California por parte de Juan Rodríguez Cabrillo, España comenzó a centrarse en la exploración y colonización de las Filipinas, lo que les distrajo de seguir explorando California. Independientemente de los planes del Imperio español en Filipinas, se produjo un declive general de las exploraciones españolas hacia finales del siglo XVI, lo que significó que California permaneció prácticamente intacta para los europeos hasta la segunda mitad del siglo XVIII. En 1602, el explorador español Sebastián Vizcaíno zarpó de México, junto a varias embarcaciones, hacia California y, tras más de medio año de viaje, llegaron a San Diego. La ciudad de San Diego, que había sido bautizada anteriormente como San Miguel por Juan Rodríguez Cabrillo, fue rebautizada por Sebastián Vizcaíno con el nombre de San Diego, en honor a la festividad de San Diego de

Alcalá, que se celebraría dos días después de la llegada del grupo (la fiesta europea se celebra el 12 de noviembre). Sebastián Vizcaíno y sus barcos siguieron explorando, llegando a la isla de Santa Catalina y navegando por el canal de Santa Bárbara hasta entrar en el puerto de la bahía del Carmelo. Aunque técnicamente Sebastián Vizcaíno no exploró mucho más de lo que había hecho Juan Rodríguez Cabrillo muchas décadas antes, Vizcaíno dio nombre a algunos de los puertos y ciudades de California (en su mayoría con nombres religiosos o en honor a su liderazgo español) y ayudó a elaborar mapas mucho más precisos que los que utilizaban los europeos anteriormente, de los que se dependería hasta finales del siglo XVIII.

Capítulo 3 - Primer asentamiento europeo y contacto con la población nativa (1769-1821)

California antes de la llegada de los españoles en 1769

Lo que más tarde se convertiría en el estado de California permaneció completamente intacto por los europeos durante el siguiente siglo y medio, lo que permitió que la población nativa americana creciera y su cultura se desarrollara sin interrupción. A partir de los registros posteriores de las misiones, los registros arqueológicos de los pueblos y los diversos censos realizados a lo largo de los años, los historiadores estiman que la población nativa de California antes del regreso de los españoles en la segunda mitad del siglo XVIII era de entre 130.000 y 1.500.000 personas. Dado que la población nativa de California estaba tan dispersa, es imposible determinar un número exacto; sin embargo, la estimación más concreta es que la población nativa estaba entre 300.000 y 700.000 personas.

Justo antes de que los europeos salieran a explorar y colonizar de nuevo California, el resto de los Estados Unidos de América, que entonces solo incluía trece colonias situadas a lo largo de la costa oriental, estaba a punto de entrar en la era revolucionaria. En 1765, el Parlamento británico intentó promulgar la Ley del Timbre, que debía aumentar el coste de los impuestos sobre los sellos para aumentar los ingresos de la monarquía. Las colonias no estaban nada contentas con esta nueva ley y comenzaron a protestar, a amotinarse, a quemar sellos y a negarse a utilizarlos. Hubo muchas cosas detrás de lo que desencadenó la guerra de Independencia de los Estados Unidos, pero el hecho de que los colonos no tuvieran representación en el Parlamento británico se considera uno de los principales problemas. La Revolución Estadounidense comenzaría oficialmente en 1775. Sin embargo, mientras los revolucionarios estadounidenses empezaban a defender sus libertades del dominio británico, California acababa de ser descubierta y colonizada. Una de las razones del renovado interés español por explorar California después de haberla dejado intacta durante más de un siglo fue que los misioneros habían estado esperando impacientemente y presionando para comenzar a convertir a los nativos americanos. España también se vio animada a volver a California debido a la demanda europea de pieles de nutria marina, que originalmente se encontraban en las islas Aleutianas de Alaska, pero que fueron cazadas y conducidas al sur por los rusos. La tercera razón que motivó la repentina decisión de reanudar la exploración de California fue la búsqueda del Paso del Noroeste, una ruta marítima que conectaba el océano Atlántico con el océano Pacífico (aunque no sería descubierta por los europeos hasta el siglo XIX).

Los españoles zarpan en 1769

En 1769, el virrey de España envió exploradores, que serían dirigidos por Gaspar de Portolá, para iniciar la colonización de California. Gaspar de Portolá, noble y militar español que fue nombrado gobernador de las Californias en 1767, recibió la orden de establecer bases en la Alta California tras recibir la orden de expulsar a los jesuitas de la Baja California. Tres barcos partieron bajo la dirección de Gaspar de Portolá rumbo a California. Dado que el grupo utilizaba mapas defectuosos elaborados por Sebastián Vizcaíno en 1602, el viaje no fue nada tranquilo. El grupo no solo tuvo que enfrentarse a errores de navegación que les desviaron meses de su ruta, sino también a fuertes vientos y tormentas que no esperaban. Muchos de los hombres de los barcos enfermaron y murieron, y un barco entero de provisiones se perdió en el mar. Sin embargo, tras meses de dificultades, el 11 de abril llegó a San Diego el primer barco de hombres. En ese barco estaba el padre Junípero Serra, que lideraría el movimiento misionero cristiano en California durante los años siguientes. Junípero Serra, que posteriormente fue beatificado, había ingresado en la Orden Franciscana en 1730, y tras muchos años de enseñanza de la filosofía, se embarcó hacia México en 1750 y estuvo muy involucrado en el movimiento misionero en México hasta 1767. Después de embarcarse en la expedición dirigida por Gaspar de Portolá, el padre Junípero Serra llegó a California, deseoso de entrar en contacto con los nativos americanos para poder empezar a convertir las naciones al cristianismo.

Los europeos llegan a California

El 16 de julio de 1769, solo tres meses después de llegar a San Diego, Junípero Serra estableció la Misión de San Diego. Aunque los nativos americanos que habitaban California habían establecido sus propias religiones, cultura y estilos de vida, una vez que llegaron los misioneros españoles, se les dio poca opción en su vida. Los franciscanos españoles no solo impusieron el cristianismo a los nativos americanos, conocidos como neófitos o conversos, sino también el modo de vida colonial europeo. El movimiento misionero europeo implicaba la construcción de recintos amurallados, donde se obligaba a los nativos americanos a vivir, aunque ya tuvieran pueblos establecidos en las cercanías. A los conversos se les enseñaba el español junto con muchas técnicas de trabajo tradicionales europeas, como la herrería y la fabricación de ladrillos, que se les obligaba a seguir utilizando incluso después de convertirse al cristianismo, lo que se hacía casi siempre en contra de su voluntad.

El trato del padre Junípero Serra hacia la población nativa es objeto de gran debate. Aunque fue, por supuesto, una fuerza principal en las acciones misioneras en California, se dice que fue menos duro con la población nativa que otros colonizadores. Independientemente de cómo tratara a los nativos americanos, la Misión de San Diego fue solo la primera misión de las veintiuna establecidas por Junípero Serra y sus sucesores. El emplazamiento de la Misión de San Diego se eligió no solo por su proximidad al puerto donde atracó el barco de los exploradores, sino también por su cercanía a múltiples aldeas de nativos americanos. La elección del padre Serra estaba bien situada, ya que tenía fácil acceso al agua y estaba en tierra fértil, lo cual era necesario, ya que uno de los elementos del proceso de conversión de los misioneros era imponer sistemas de agricultura europeos, como los huertos tradicionales. Durante los siguientes treinta años, la Misión de San Diego establecería amplios sistemas de riego de inspiración europea, que ayudarían a los nativos americanos a cultivar decenas de miles de acres.

Más o menos al mismo tiempo que el establecimiento de la Misión de San Diego, Gaspar de Portolá estableció el Presidio de San Diego, que fue el primer asentamiento europeo permanente no solo en California, sino también en la costa del Pacífico. A partir de ahí, Gaspar de Portolá, Junípero Serra y varios exploradores emprendieron expediciones por toda California con el fin de establecer más misiones y presidios (un asentamiento fortificado o puesto militar). En mayo de 1770, Gaspar de Portolá estableció el Presidio de Monterrey para que sirviera de base militar, algo que los españoles consideraron necesario debido a la amenaza rusa, que fue una de las principales razones por las que España se apresuró a colonizar California. Los rusos, que estaban explorando activamente para encontrar el Paso del Noroeste y cazando nutrias, parecía que iban a abrirse paso por la costa del Pacífico. Los españoles no querían encontrarse con ellos sin haber establecido antes algunas bases militares. Alrededor de un mes después, el padre Junípero Serra estableció la Misión de Monterrey, que más tarde sería trasladada y conocida como la Misión San Carlos Borromeo de Carmelo.

En los años siguientes, Gaspar de Portolá y Junípero Serra siguieron estableciendo su presencia en la Alta California, y los exploradores también llegaron a la bahía de San Francisco, que está a solo unas 500 millas por tierra de donde se encuentra San Diego. Sin embargo, la colonización no se produjo realmente hasta después de 1773. Durante los años anteriores a 1773, Junípero Serra discutió con las autoridades españolas sobre cómo debía administrarse y colonizarse Alta California, y finalmente, en 1773, hizo que los funcionarios aumentaran el apoyo financiero y militar en California. Para comenzar a poblar adecuadamente los asentamientos europeos, los funcionarios españoles necesitaban encontrar una forma más segura de llegar a las bases de California, ya que la ruta naval tomada por Portolá no era segura para los civiles. Aunque los que ya se habían asentado en la Alta California habían pasado algún tiempo explorando la zona, todos los pasos terrestres parecían demasiado peligrosos, tanto por lo desconocido y agotador del terreno desértico y montañoso como por la amenaza que podía suponer cruzar por las tierras de las naciones indígenas. Junípero Serra, que había adquirido un gran poder en California, había instado a los funcionarios españoles a establecer una ruta terrestre. Independientemente de las súplicas de Serra, España sabía que necesitaba encontrar una vía segura y fiable para unir los distintos asentamientos de México y California, así como los de los actuales Arizona y Nuevo México. Con la amenaza de una invasión rusa al norte y los rumores de una exploración inglesa que tal vez podría llegar a California, los funcionarios españoles se sintieron presionados para empezar a poblar inmediatamente el estado, lleno de recursos, tanto con ganado como con colonos, lo que significaba que necesitaban asegurar una ruta y rápido.

La tarea de encontrar un paso seguro fue encomendada a Juan Bautista de Anza, quien, teniendo ancestros y sangre española europea, había nacido y crecido en México y había pasado años luchando en varias guerras como comandante de frontera. En enero de 1774, Juan Bautista de Anza emprendió finalmente su viaje para encontrar un pasaje seguro a California desde Tubac, un pueblo situado en la actual Arizona, a poco menos de veinticinco millas de la frontera con México. Anza condujo a treinta y cuatro hombres a través de los desiertos desoladamente calurosos y secos de la actual Arizona y California y consiguió sobrevivir gracias a la ayuda de varias naciones nativas a lo largo del camino, concretamente los yuma y los cochimí.

En solo unos meses, en marzo, Juan Bautista de Anza y su tripulación llegaron a la Misión de San Gabriel, situada a solo diez millas de la actual Los Ángeles. La Misión de San Gabriel se había establecido en 1771, lo que la convertía en la cuarta misión establecida en California en aquella época. Aunque el grupo estaba agotado después de su viaje de más de 500 millas, los exploradores pasaron los siguientes meses viajando a Monterey, llegando allí en mayo, lo que añadió más de 300 millas adicionales a su viaje. Dado que Juan Bautista de Anza no solo pretendía llegar a los asentamientos californianos, sino también trazar una ruta segura, se estima que el grupo recorrió más de 1.000 millas en cinco meses. El grupo tomó su propia ruta de regreso a Tubac, perfeccionando el camino para poder conducir a los civiles y al ganado lo antes posible.

Juan Bautista de Anza fue aprobado para una nueva expedición, y partió en su siguiente viaje alrededor de un año después, en octubre de 1775, pero esta vez, fue acompañado por mucho más que solo treinta y cuatro hombres. Se calcula que Anza iba al frente de unas 240 personas que vivían en el norte de México, entre hombres, mujeres y niños. Junto a los colonos había cerca de 700 caballos y mulas y unas 350 reses. Después de al menos tres meses de viaje, el grupo llegó a San Gabriel, y tres meses después, en marzo de 1776, se detuvieron brevemente en Monterrey. El numeroso grupo continuó su viaje para desarrollar un nuevo asentamiento, y al final del mes, Anza había establecido el Presidio de San Francisco. Aunque Anza y sus hombres habían pasado cerca de un año buscando el mejor camino hacia California, su viaje con los 240 civiles sería el último gran viaje por este camino durante cerca de 100 años. Tras la revuelta de los yumis en 1781, los europeos se vieron obligados a evitar su territorio. Un año más tarde, en 1777, el segundo de Anza, José Joaquín Moraga, condujo a algunos de los civiles que se habían establecido en San Francisco al centro de California y estableció el Pueblo de San José, que se convirtió en el primer pueblo exclusivamente español de la Alta California.

Durante este tiempo, Junípero Serra y sus asociados continuaron estableciendo misiones. Debido a la limitada accesibilidad de California, la población española seguía siendo bastante reducida, especialmente en comparación con la población nativa americana y las florecientes ciudades norteamericanas de la costa oriental. A pesar de ello, la población nativa americana cultivaba suficientes alimentos para mantener una gran ciudad. Como parte del proceso misionero, a los neófitos (conversos) se les enseñaron diversas habilidades agrícolas, incluyendo el cultivo y la fabricación de ganado, grano, aceitunas, vino y brandy. Este enorme excedente de alimentos permitió a la población española comerciar con México, permitiendo a los civiles algunos artículos de lujo, a los que los primeros asentamientos no suelen tener acceso. Sin embargo, esta riqueza no vino sin un coste, y en este caso, fue a costa de la población nativa americana. Muchos miles de nativos americanos fueron obligados a convertirse al cristianismo, y aunque los pueblos nativos a menudo superaban en número a los misioneros itinerantes, los "reclutas" eran a menudo señalados o seguidos cuando estaban solos y luego obligados a convertirse, a veces a punta de pistola. Para convertirse, los nativos americanos eran bautizados, y una vez bautizados, quedaban esencialmente vinculados a la autoridad de los franciscanos. Los neófitos trabajaban duro y durante muchas horas, adaptándose al sistema agrícola europeo, que creaba un excedente de alimentos, pero los conversos no cosechaban ninguno de los beneficios. Si un nativo americano convertido desobedecía la autoridad de los franciscanos, la ley establecía que podía ser azotado o encarcelado, y probablemente lo sería. Aunque la población nativa americana había establecido aldeas y formas de vida durante miles de años antes de la llegada de los europeos, los que se convertían eran forzados a vivir en comunidades amuralladas superpobladas, y eran perseguidos y obligados a regresar o asesinados si intentaban escapar. Debido a estas horrendas condiciones de trabajo y de vida, así como a las numerosas enfermedades extranjeras que contrajeron de los europeos, la otrora floreciente población de nativos americanos en California disminuyó enormemente. Aunque no se sabe con exactitud cuántas personas habitaban el estado antes de la llegada de los europeos, se calcula que la población nativa americana disminuyó en al menos 100.000 personas en los 50 años siguientes a la ocupación española, si no más.

Mientras los nativos americanos disminuían, la población de los colonos europeos seguía creciendo y extendiéndose. En 1781, solo unas pocas docenas de personas, entre colonos, soldados y sus familias, se asentaron en lo que entonces se conocía como El Pueblo de Nuestra Señora la Reina de los Ángeles, o el Pueblo de Los Ángeles para abreviar. La ciudad de Los Ángeles se fundó oficialmente el 4 de septiembre de 1781 y, aunque empezó siendo pequeña, su población creció constantemente. En la década de 1840, la población había aumentado a más de 1.000 personas, y cuando California se unió a los Estados Unidos de América en 1850, era el mayor asentamiento de California.

Capítulo 4 - La California mexicana y los años anteriores a la incorporación de California a los Estados Unidos de América (1821-1846)

A finales del siglo XVIII, muchas colonias reclamaron la independencia de su monarquía. Estados Unidos es uno de los ejemplos más notables y conocidos, y declaró su independencia del dominio británico en 1776. Lo mismo ocurrió con las numerosas colonias españolas a principios del siglo XIX, empezando por Ecuador en 1809, al que pronto siguieron Bolivia y Perú. Al año siguiente, México intentó declarar su independencia, lo que dio inicio a la guerra de Independencia de México, que duró once años. Esta guerra terminó con el Tratado de Córdoba en 1821, que declaraba a México libre del dominio español.

Incluso antes de que México se independizara oficialmente de España, California empezó a sentir las consecuencias. Al estar España bastante distraída en sus intentos de proteger su dominio sobre sus numerosas colonias rebeldes, el país no podía destinar tantos recursos a los asentamientos de California como antes. California, que antes solo comerciaba con los mercaderes españoles, en su mayoría ubicados en México, ya no tenía acceso a mucha de su clientela anterior. Durante la guerra de la Independencia de México, California había perdido esencialmente a todos sus socios comerciales, lo que llevó a las autoridades locales a suavizar las restricciones comerciales que anteriormente habían limitado el comercio a los comerciantes españoles. California empezó a comerciar con varios países, como Inglaterra, Rusia, Francia y los cercanos Estados Unidos de América. Aunque California había sentido los cambios de las rebeliones de otras colonias españolas por la independencia, ninguna causaría una onda tan grande como la de México.

Los años siguientes a la independencia de México de España

La noticia de que California había sido adquirida por México cuando el país se independizó de España tardó muchos meses en llegar a los colonos españoles de California. Aunque técnicamente California no sería designada como territorio de México hasta 1824, los cambios fueron inmensos e inmediatos. Antes de esto, toda la tierra asentada en California había sido propiedad y estaba controlada por los misioneros franciscanos, pero a partir de 1821, México estaba decidido a cambiar eso. México permitió a los californianos comerciar con quien quisieran y fomentó el comercio internacional. También, para sorpresa de la población española, permitieron y fomentaron la propiedad de tierras por parte de extranjeros a aquellos que estuvieran dispuestos a obtener la ciudadanía y a convertirse al catolicismo. Esto supuso, por supuesto, un inmenso cambio para los californianos, que solo habían conocido la tierra bajo el control de la autoridad franciscana y, por tanto, de la Corona española. Esta fue solo una de las formas en que la recién fundada República de México intentó secularizar el estado. Muchos de los grandes ranchos de las misiones fueron entregados a civiles, tanto de ascendencia española californiana como mexicana, y con la pérdida de sus tierras, muchos de los misioneros se retiraron. En 1840, prácticamente todas las tierras de las misiones que quedaban habían sido repartidas, y la explotación de los nativos americanos había disminuido en gran medida. Dicho esto, aunque México impuso el fin de la violencia contra la población nativa americana, esta no recibió la mayoría de las tierras de las misiones divididas. Aunque recibieron algunas tierras, su espacio era limitado y mucho más pequeño que antes de la ocupación europea.

La mayoría de los que recibieron tierras eran civiles nacidos en California, que se hicieron ricos, después de muchos años en los que nadie podía ser verdaderamente rico sino los funcionarios del gobierno enviados por la Corona y la iglesia. Aunque legalmente se fijó un máximo de unos 50.000 acres para garantizar un reparto equitativo de las tierras, muchos individuos, que empezarían a formar una especie de oligarquía, recibirían múltiples concesiones de tierras. Dado que estas propiedades eran tan grandes y los propietarios pertenecían a la élite californiana, la mayoría de estos territorios, conocidos como ranchos californianos, emplearían a trabajadores nativos americanos, formados tanto por la población nativa libre como por la de las misiones. Algunos de estos ranchos empleaban a cientos de nativos americanos, y se calcula que a mediados del siglo XIX, unos 4.000 nativos americanos trabajaban en estas propiedades. Aunque los nativos americanos eran técnicamente libres, la mayoría se convirtió en lo que se conoce como siervo, que es esencialmente un trabajador de clase campesina agrícola obligado a trabajar para su señor, generalmente rico. Los nativos americanos recibían alojamiento, comida y ropa, pero muy pocos recibían dinero o tenían alguna posibilidad de ascender. Los señores de la propiedad utilizaban diversos métodos engañosos y violentos para reclutar y luego mantener a sus trabajadores. Como la mayor parte de la fabricación de productos californianos cesó cuando terminaron las misiones, los californianos dependían de los comerciantes y mercaderes extranjeros. Como los mercaderes generalmente buscaban pieles, los terratenientes californianos solían empujar a la mayoría de sus trabajadores a centrarse en la cría de ganado.

Con la autoridad franciscana fuera del camino, California fue gobernada en cambio por un gobernador nombrado por los mexicanos. Sin embargo, aunque el nuevo sistema podía haber parecido bueno en teoría, la política en California durante los años siguientes fue inestable y dramática. Entre los años 1831 y 1836, California tuvo once gobernadores diferentes, así como tres hombres que estuvieron a punto de ser gobernadores, pero fueron rechazados por los californianos. Dado que la República de México tenía poca implicación en el territorio real de California, tenía poco conocimiento de a quién aceptarían los californianos como líder y a menudo nombraba a los candidatos que favorecía, lo que provocaba el descontento general entre los californianos europeos nacidos en el país. México, que era consciente de la posibilidad de que se produjeran rebeliones, permitió a los californianos rechazar a quien quisieran, pero no podían nombrar ni votar a sus propios dirigentes. En 1836, el descontento de la población culminó en una pequeña revolución en la que Juan Bautista Alvarado deportó a los funcionarios mexicanos de Monterey tras hacerse con el control de la ciudad. Alvarado predicó y exigió que California se convirtiera en su propio estado libre y soberano. En pocos meses, México cedió su poder de nombramiento y permitió que Alvarado asumiera la gobernación de California, lo que puso fin al descontento por un tiempo.

Aunque la inmigración extranjera estaba permitida, fue poco frecuente a lo largo de la década de 1820. Sin embargo, en las décadas siguientes, empezaron a llegar a California inmigrantes, sobre todo de Estados Unidos. En 1841, John Bidwell y John Bartleson lideraron un grupo de un par de cientos de personas de Missouri a California. Esta inmigración estadounidense fue alentada por varias élites californianas y por la Western Emigration Society (Sociedad de Emigración del Oeste), que temía la toma de California por parte de los extranjeros. Al llegar a California, el grupo se refugió en uno de los ranchos de la Sociedad de Emigración del Oeste y obtuvo empleos para Johann August Sutter, el empresario suizo de origen alemán que era conocido por contratar colonos de todas partes para trabajar en sus numerosos huertos, viñedos y campos de trigo. A medida que la población estadounidense en California comenzó a aumentar de forma constante, el país empezó a interesarse por conseguir que California fuera uno de sus estados.

Fue durante la época de la California mexicana cuando los colonos de California empezaron a desarrollar su propia y única cultura separada de la de España. Las corridas de toros y osos se convirtieron en pasatiempos populares junto con las carreras de caballos. Las tres actividades permitían a los espectadores hacer apuestas sobre su posible ganador. Aunque en el territorio californiano vivían tanto la élite como el pueblo llano y la población indígena, era sobre todo la élite la que tenía el privilegio de disfrutar de los pasatiempos. Un lujo que se permitían las familias de la élite eran las celebraciones de boda anormalmente largas, que a veces duraban más de una semana. La novia se cambiaba de vestido muchas veces a lo largo del evento, y las familias de élite unidas bailaban y cantaban durante días.

Los preparativos para la guerra entre México y Estados Unidos

Sin embargo, a pesar de los entretenidos eventos a los que asistía alegremente la élite californiana, el descontento entre los californianos era cada vez mayor, al igual que el interés de Estados Unidos por la adquisición de California. Aunque la guerra mexicano-estadounidense no comenzaría hasta 1846, en uno de los momentos más extraños de la historia de California, Estados Unidos invadió accidentalmente California de forma prematura. En 1842, el comodoro Thomas ap Catesby Jones, que había sido el oficial al mando de la Escuadra del Pacífico de la Armada estadounidense, había oído que Estados Unidos y México habían comenzado su guerra. Probablemente se trataba de un rumor que se había materializado debido al creciente interés de Estados Unidos en California, pero Jones lo tomó como un hecho y zarpó como le habían ordenado. Una vez iniciada la guerra, debía tomar Monterey, que era la capital de California en ese momento. Sorprendiendo a casi todo el mundo, el comodoro Jones tomó la ciudad de Monterey y levantó el estandarte de los Estados Unidos en señal de victoria. Sin embargo, al cabo del día, Jones se enteró de que su información no era más que un rumor, lo que le obligó a pedir disculpas a la República de México y a los californianos. Luego regresó a los Estados Unidos.

Capítulo 5 - La guerra mexicano-estadounidense y la adquisición de California por los Estados Unidos (1846-1848)

Antes del comienzo de la guerra mexicano-estadounidense, el descontento de los californianos hacia la República de México no hizo más que aumentar. En 1842, México envió desde Ciudad de México a un gobernador llamado Pío de Jesús Pico, a menudo abreviado como Pío Pico. A pesar de haber sido enviado por México, Pío Pico había nacido en la Misión de San Gabriel en California en 1801 y tenía ascendencia africana, nativa americana y europea. Su llegada a California fue cuanto menos controvertida, sobre todo por el hecho de que el último gobernador de California había sido en realidad Juan Bautista Alvarado, que había protagonizado una pequeña rebelión contra la República de México para ganarse el puesto. El hecho de que México enviara a uno de sus gobernadores designados fue, en muchos sentidos, un golpe para el sentimiento de orgullo e independencia de los californianos. Durante el año siguiente, el descontento siguió aumentando y el concepto de una revolución estadounidense empezó a tomar forma. En esta época, la población de California estaba formada por unos 100.000 nativos americanos, entre 10.000 y 20.000 colonos de ascendencia española o mexicana, y menos de 3.000 personas de ascendencia extranjera, de los cuales la mayor población extranjera eran los estadounidenses, cuyo número exacto de habitantes se desconoce.

La revuelta de la Bandera del Oso

Aunque México había instituido muchas reglas para los americanos y otros extranjeros que intentaban vivir en California, a saber, que tenían que convertirse al catolicismo y adoptar la ciudadanía mexicana, cuando Pío Pico asumió el cargo, se dio cuenta de que hacer cumplir estas leyes solo conduciría a una revolución. Pío Pico fue esencialmente abandonado en California por México, que no le ayudaba ni escuchaba sus sugerencias o advertencias sobre una posible rebelión. Pico propuso anexionar California, lo que permitiría a otras potencias occidentales ocuparse de la población descontenta en su lugar. Sin embargo, el gobierno de México no quiso escuchar e insistió en quedarse con California.

Independientemente de la decisión de México de no actuar en la preparación, Pío Pico tenía razón, y en junio de 1846, un pequeño grupo de estadounidenses que vivía en los alrededores de Sonoma tomó la ciudad por sorpresa. Capturaron al coronel mexicano local, tomaron la ciudad y declararon la independencia. Para simbolizar su libertad, el grupo izó una bandera hecha a mano con un oso pardo mal dibujado caminando hacia una estrella roja y las palabras "República de California". Este es, por supuesto, el origen de la actual bandera de California, que sigue mostrando el oso pardo, la estrella roja y las palabras "California Republic", aunque ha sufrido muchas alteraciones y ajustes a lo largo de los años. El pequeño grupo de estadounidenses estaba liderado por William B. Ide, que era un ciudadano estadounidense nacido en Massachusetts, y se desplazó lentamente hacia el oeste hasta que finalmente llegó a California a finales de 1845, menos de un año antes de lo que se conoce como la revuelta de la Bandera del Oso. En la proclamación de la revuelta de la Bandera del Oso, William B. Ide llamó a los californianos a la acción solicitando que «nos ayuden a establecer y perpetuar un "Gobierno Republicano" que asegure a todos: la libertad civil y religiosa; que detecte y castigue el crimen; que fomente la industria, la virtud y la literatura; que deje sin grilletes al comercio, la agricultura y el mecanismo». Al cabo de un mes, el capitán John Charles Frémont y sus tropas llegaron a Monterey, preparados para defender su recién adquirida ciudad contra la República de México.

La guerra mexicano-estadounidense

Fue en este momento cuando los temores de Pío Pico se hicieron realidad, y envió un mensaje a la República de México, instándoles a enviar una defensa contra las tropas invasoras estadounidenses. Sin embargo, una vez más, las peticiones de Pío Pico quedaron en su mayoría sin respuesta, y México solo envió unos cientos de soldados para intentar defender California. Consciente de que los estadounidenses no apreciarían su presencia, Pío Pico decidió regresar a México, pero antes de huir, vendió su enorme terreno a varios compradores mexicanos a bajo precio.

A pesar de que Frémont y sus tropas se habían apoderado de Sonoma, la era de la República de California, tal y como proponía la bandera, duró poco, ya que la guerra mexicano-estadounidense había comenzado. Técnicamente, México y Estados Unidos habían estado en guerra antes de la toma de Sonoma por parte de los estadounidenses. La guerra estalló tras la anexión de Texas, que, al igual que California, había sido propiedad de México. Para empeorar las cosas, después de adquirir Texas, Estados Unidos empezó a hacer ofertas para comprar California y Nuevo México, lo que no hizo más que enfadar a la República de México. Estados Unidos tenía planes para responder a la negativa de México a negociar, pero antes de que tuvieran la oportunidad, las tropas mexicanas sorprendieron y atacaron a las tropas estadounidenses que patrullaban la zona en disputa el 25 de abril de 1846, hiriendo y matando a muchos. Técnicamente fue este acontecimiento el que dio inicio a la guerra mexicano-estadounidense, aunque fue necesaria la invasión de California por parte del capitán John Charles Frémont para que la guerra por California comenzara realmente.

Como es típico en Estados Unidos, el país estaba bastante dividido ante la perspectiva de una guerra con México. En su mayor parte, los demócratas del sur estaban a favor de la guerra, mientras que muchos abolicionistas del norte estaban en contra de la misma, ya que creían que una vez que Estados Unidos adquiriera los territorios mexicanos en cuestión, estos se convertirían en estados esclavistas. Independientemente de las opiniones encontradas de los estadounidenses, la guerra con México había comenzado, y a pesar de que muchos de los californianos de élite estaban en contra del movimiento, California no tenía prácticamente nada que decir. Estados Unidos envió tropas al sur de México y al oeste para poblar California y Nuevo México. Aunque los rancheros de élite californianos se pusieron del lado de México, los colonos y los civiles californianos no mostraron ninguna resistencia a los soldados estadounidenses ocupantes, y muchos colonos se unieron a las tropas estadounidenses en la lucha contra la República de México. El general estadounidense Winfield Scott fue enviado a una campaña por México bajo la dirección del presidente James K. Polk. Aunque las tropas de Scott tuvieron en general un gran éxito en la batalla, tomando ciudad tras ciudad en su campaña y perdiendo solo unos 1.500 soldados, Estados Unidos perdió miles de soldados por enfermedades como la fiebre amarilla, el sarampión, las paperas y la viruela. Se calcula que alrededor de 10.000 o más soldados estadounidenses murieron por diversas enfermedades en el frente mexicano. Las malas condiciones sanitarias y la falta de inmunidad, que era especialmente común en los soldados de los pueblos rurales más pequeños, tampoco ayudaron al asunto. A medida que la guerra avanzaba, los estadounidenses tomaron fácilmente California en enero de 1847, cuando John C. Frémont obligó al reducido número de soldados mexicanos y de élite californianos a rendirse y a firmar la Capitulación de Cahuenga. A pesar de la pérdida de muchos soldados por enfermedad y de la fuerte resistencia mexicana, el 14 de septiembre de 1847, tras numerosas e ininterrumpidas victorias estadounidenses tanto en México como en California, Winfield Scott y sus tropas tomaron la Ciudad de México, lo que puso fin a la guerra real. Sin embargo, el conflicto estaba lejos de terminar.

El fin de la guerra mexicano-estadounidense

Después de tomar la Ciudad de México, el presidente Polk, su secretario principal, Nicholas Trist, y el general Winfield Scott se reunieron para negociar un tratado de paz que pusiera fin oficialmente a la guerra. Sin embargo, el proceso se retrasó continuamente. Después de meses de espera, el 2 de febrero de 1848, Nicholas Trist firmó impacientemente el tratado antes de que ambas partes estuvieran listas, y con ese paso se concretó el Tratado de Guadalupe Hidalgo. El tratado detallaba que Estados Unidos pagaría a México quince millones de dólares a cambio tanto de la tierra como de los ciudadanos de Nuevo México, Utah, Nevada, Arizona, California, Texas y el oeste de Colorado, que, hasta entonces, habían estado todos bajo control mexicano. Aunque California había sido adquirida por Estados Unidos, no se convertiría oficialmente en un estado hasta dos años después. Muchos de los estados actuales tardaron años en convertirse en un estado estadounidense oficial, ya que uno de los requisitos para conseguir la condición de estado era una población de 60.000 personas. Dado que California tenía menos de 10.000 habitantes al final de la guerra entre México y Estados Unidos, se esperaba que tardara muchos años en convertirse en un estado oficial. Sin embargo, lo que iba a ocurrir más tarde, en 1848, dispararía la población a una velocidad inaudita, permitiendo que California se convirtiera en un estado el 9 de septiembre de 1850, en solo dos años.

Capítulo 6 - La fiebre del oro en California (1848-1860)

Johann (John) Sutter

   Johann August Sutter era un suizo de origen alemán que había huido de los problemas fiscales en Suiza para dirigirse a lo que en aquel momento era el territorio mexicano de California. Con la esperanza de hacer algo por sí mismo y librarse de los fracasos financieros que había sufrido en Suiza, Sutter persuadió a los funcionarios mexicanos para que le concedieran algunas tierras fértiles. El gobernador mexicano le concedió un territorio en el río Sacramento, al que Sutter llamó Nueva Suiza (Nueva Helvetia). Johann August Sutter se hizo conocido por contratar y ofrecer un lujoso alojamiento a los colonos estadounidenses, y a la mayoría de los inmigrantes extranjeros se les dijo que buscaran a Sutter una vez que llegaran a California, ya que les ayudaría a establecerse. Aunque Sutter estaba endeudado cuando llegó a California, gastó una cantidad excesiva de dinero en la construcción del Fuerte de Sutter, en la creación de varios negocios y en la creación de huertos, viñedos y campos de trigo. Johann cambió su nombre por el de John y se convirtió en el típico ranchero californiano de la época, y aunque era amable y acogedor con los trabajadores estadounidenses, al igual que los demás terratenientes de élite, explotaba a los trabajadores nativos americanos.

Durante la guerra mexicano-estadounidense, llegaron soldados para ayudar al ejército estadounidense en California. La Capitulación de Cahuenga, en enero de 1847, puso fin al teatro californiano de la guerra mexicano-estadounidense, lo que significa que no solo se rindió México, sino que los soldados estadounidenses se quedaron esperando a que la guerra terminara en la actual República de México. Como la guerra no terminó hasta que Nicolás Trist firmó el Tratado de Guadalupe Hidalgo casi un año después, el 2 de febrero de 1848, los soldados estadounidenses necesitaban trabajos para esperar el momento y ganar dinero. John Sutter se había dado a conocer como el hombre al que los estadounidenses debían acudir cuando necesitaban trabajo, así que cientos de personas llegaron al Fuerte de Sutter en busca de trabajos ocasionales. Sutter quería construir una ciudad, a la que llamaría "Sutterville", durante algún tiempo, y la llegada de todos los soldados era la oportunidad perfecta para hacerlo. Sutter decidió que su primer paso sería construir un aserradero, que no solo proporcionaría empleo a las hordas de hombres que llegaban a su propiedad, sino que también crearía la madera necesaria para construir Sutterville. Comenzó a buscar un lugar.

Encontrando oro

Sutter contrató a James Wilson Marshall, un carpintero nacido en Nueva Jersey, para encontrar la mejor ubicación para el aserradero, y durante 1847, Marshall eligió un lugar a unas cuarenta y cinco millas del Fuerte de Sutter. Le acompañaron varios trabajadores estadounidenses para construir el aserradero y profundizar el río de los Americanos donde se ubicaría el molino. El molino estaba casi terminado hacia finales de 1847, y el 24 de enero de 1848, Marshall fue a comprobar el aserradero, viendo que la construcción estaba llegando a su fin. Sin embargo, cuando Marshall bajó al río para comprobar el aserradero, algo que brillaba en una zanja le llamó la atención. En palabras de James Marshall, «bajé la mano y lo recogí; me dio un vuelco el corazón, porque estaba seguro de que era oro... Luego vi otro». Solo nueve días antes de la firma del Tratado de Guadalupe Hidalgo, que puso fin a la guerra méxico-estadounidense, James Marshall encontró varias pepitas de oro en el río de los Americanos, lo que cambiaría drásticamente el curso de la historia de California.

La fiebre del oro

Como el oro que Marshall descubrió estaba en la propiedad de Sutter, no tardó en transmitir la información a su patrón, y los dos hombres decidieron asociarse. Aunque intentaron mantener la fortuna en secreto, la noticia se filtró. Es difícil saber si esto se debió a los otros hombres que habían estado trabajando en el aserradero o a alguna otra fuente, pero en poco tiempo, llegaron posibles mineros de oro de todas partes. En seis meses, las colinas cercanas al río estaban cubiertas de tiendas y cabañas de madera, que albergaban a más de 4.000 hombres dispuestos a extraer su fortuna. Las primeras noticias de la fortuna de Sutter llegaron a Asia y luego a América Central y del Sur. Cientos de hombres navegaron miles de kilómetros desde China y atravesaron Panamá a pie, arriesgándose a menudo a morir debido a las enfermedades que contraían en el viaje como resultado de las malas condiciones sanitarias, la nutrición y el contacto con otras poblaciones. Aunque los viajeros sufrieron, las enfermedades mataron a muchos más nativos americanos que entraron en contacto con los futuros mineros del oro que a los propios mineros del oro. Sin embargo, en esos primeros meses, la mayoría de las tiendas no eran de extranjeros, sino de californianos locales, entre los que se encontraban californianos hispanos, trabajadores de Sutter y nativos americanos. En el transcurso del mes siguiente, llegaron otros grupos procedentes de estados y territorios cercanos, como Utah, Oregón, Hawái, México, China y Chile.

Los 49ers

A pesar de que la noticia había llegado a los países del sur de América, tardó casi un año en llegar y asentarse como un hecho en los Estados Unidos. Como todavía no había ferrocarril ni forma fácil de acceder a California, la noticia no llegaría al este de Estados Unidos hasta que los barcos navegaran por el océano Atlántico en dirección a California. Una vez que la noticia llegaba a los Estados Unidos, nadie estaba seguro de que fuera cierta, y viendo que no era tarea fácil llegar a California, que en barco tardaría más de medio año, navegando por las peligrosas aguas del istmo de Panamá o "alrededor del cuerno", los ciudadanos no estaban dispuestos a arriesgarse por un rumor. A mediados de 1848, William Tecumseh Sherman, un oficial del ejército estadounidense, estaba ansioso por saber si el rumor era cierto, tanto por su propia curiosidad como por la de sus compatriotas que no tenían ni idea de la validez del rumor. Sherman pidió a uno de sus oficiales, el coronel Richard Barnes Mason, quien era el gobernador militar de California en ese momento, que fuera a la propiedad de Sutter y comprobara por sí mismo si el rumor era cierto. Por supuesto, descubrió que, efectivamente, había oro. Mason comunicó la noticia al presidente Polk, que procedió a hacer una declaración oficial el 5 de diciembre de 1848, lo que despertó un nuevo sueño en los ciudadanos estadounidenses.

Aquel anuncio oficial de la existencia de oro en California cambió el futuro de California en un instante, y al día siguiente, casi todos los que quedaban en el territorio de California habían montado un campamento en las colinas cercanas al río cargado de oro. Sin embargo, nadie podía esperar la cantidad demencial de personas que llegaron en el transcurso del año siguiente. Los inmigrantes, conocidos como los "49ers" (cuarenta y nueves), llegaron a California por miles a lo largo de 1849. Decenas de miles de personas llegaron al puerto de San Francisco después de haber viajado durante millas por los agitados océanos, y unos cuantos miles de carros llegaron desde todo Estados Unidos, transportando a unas 40.000 personas, a pesar del peligroso, largo y accidentado viaje. Se calcula que unos 80.000 49ers llegaron en el transcurso del año, y que más de 250.000 en total habían inmigrado a California en 1853. Todos tenían un objetivo común: esperar encontrar oro. Como había tanta competencia, solo unos pocos afortunados dieron con el oro, y como los lugareños sabían que podían aprovecharse de los recién llegados, el coste de la vida y de la comida era elevado. Los que estaban cansados de cavar o tenían algo de dinero para empezar abrieron negocios, tiendas y/o se convirtieron en agricultores, lo que ayudó a desarrollar la economía local de California. Antes de la fiebre del oro, su economía era prácticamente inexistente. A pesar del duro y extenuante trabajo y de las largas jornadas, los mineros del oro rara vez dormían una noche completa, ya que vivían en zonas superpobladas y solían dormir en refugios primitivos, como tiendas de campaña y cabañas. Sin embargo, dado que se extrajeron dos mil millones de dólares en oro del río y de las zonas circundantes, muchos dieron con el oro, y generalmente invertían en contratar mineros para que siguieran buscándolo hasta que pudieran sustituir a los trabajadores por máquinas.

California se convierte en Estado

Aunque hay muchos requisitos establecidos para que un territorio se convierta en un estado oficial en los Estados Unidos de América, en 1848, cuando Estados Unidos adquirió oficialmente California, el principal obstáculo para California era el requisito de población. En aquella época, California necesitaba tener 60.000 habitantes para conseguir oficialmente la condición de estado, y cuando fue ganada por Estados Unidos como resultado de la guerra entre México y Estados Unidos, California solo contaba con unos míseros 7.000 habitantes. Muchos estados tardaron años en tener una población lo suficientemente grande como para obtener la condición de estado, y como la población de California era tan pequeña, parecía que podría tardar al menos una década para que emigraran suficientes estadounidenses a California. Sin embargo, todo cambió con el descubrimiento de oro por parte de Sutter y Marshall en enero de 1848 en la actual Sacramento. En 1849, llegaron mucho más de 60.000 personas, lo que significó que California superó el número de población requerido para unirse a la Unión y convertirse en un estado oficial. Aunque hubo muchos debates, el 9 de septiembre de 1850, California fue reconocida oficialmente como estado por el Congreso. Esta decisión se aceleró no solo por el descubrimiento de oro, sino también por el hecho de que los rancheros y los comandantes locales esperaban con impaciencia reformas que podían ser decididas mejor por un gobierno central. Decidieron redactar su propia constitución siguiendo el modelo de las de otros estados. La constitución declaraba a California como un estado de trabajo libre, lo que significaba que estaba en contra de la esclavitud y que los trabajadores eran independientes de sus empleadores y podían, técnicamente, trabajar para enriquecerse. Como dato curioso, California nunca fue un territorio designado de los Estados Unidos, a diferencia de otros estados del oeste, como Oregón.

Después de 1850

En los años anteriores a la obtención de la condición de estado por parte de California, las leyes fueron creadas y mantenidas por los mineros locales y los habitantes de los pueblos, quienes, sin ningún gobierno oficial, se vieron obligados a manejar los asuntos locales por sí mismos. Sin embargo, incluso después del 9 de septiembre de 1850, cuando California se unió a los Estados Unidos, ningún gobierno central tomó realmente el control del estado, y los funcionarios locales no querían actuar sin instrucciones, lo que frustraba a los civiles locales. En 1851, los descontentos de San Francisco formaron un grupo de orden público llamado "Comité de Vigilancia", que inspiró a otros pueblos mineros y ciudades californianas a hacer lo mismo. Aunque esto funcionó durante un breve periodo, a finales de año la mayoría de los grupos se habían disuelto y las autoridades locales tomaron el control.

Al final de la fiebre del oro, más de 300.000 personas habían emigrado permanentemente a California. En muchos de los pueblos de la fiebre del oro, había negocios y economías establecidas alrededor de las minas, pero en otros, no había más que un pueblo fantasma, ya que una vez que el suministro de oro se había agotado, los mineros empacaban y se iban. En los años siguientes a 1852, la fiebre del oro se ralentizó, sobre todo a medida que mejoraban las tecnologías. Antes, el método de bateo era la forma más común de encontrar oro. Este método consistía en que un minero individual hiciera girar el agua en un colador. Sin embargo, con el tiempo llegó el "agitador" de madera y otras creaciones que cambiaron la cara de la minería. La mayoría de estos inventos mineros eran más eficientes, ya que permitían que muchos obreros trabajaran juntos en lugar de un solo hombre trabajando por su cuenta. Como resultado, los mineros más ricos formaron compañías. Muy pronto, todo el oro de los ríos fue excavado, y los mineros se trasladaron a las rocas cercanas, donde extrajeron pozos con picos a decenas de metros de profundidad. Los túneles subterráneos comenzaron a extenderse a lo largo de muchos kilómetros, y los hombres que trabajaban en equipo para las grandes empresas pasaban sus días bajo tierra, buscando oro. Aunque muchos de los mineros que esperaban hacerse ricos por su cuenta se marcharon después de la década de 1850, en las siguientes décadas la búsqueda de oro siguió existiendo, y estuvo dominada por grandes sociedades anónimas más que por hombres individuales.

Los efectos de la fiebre del oro

No cabe duda de que los efectos de la fiebre del oro cambiaron radicalmente el territorio de California. Aunque no fueron muchos los individuos que se enriquecieron con la fiebre en sí, muchos empresarios y propietarios de tiendas se beneficiaron enormemente del auge de la población y de la necesidad de entretenimiento, comida, refugio y otros recursos. Colonos de todo el mundo llegaron a California, que antes solo estaba formada por nativos americanos, californianos españoles y mexicanos. La fiebre del oro hizo que la población se multiplicara casi por veinte en menos de una década, y es la razón por la que California fue admitida como estado tan rápidamente. Con la nueva afluencia de gente, California se vio obligada a construir sus ciudades, y se desarrolló una economía local. California se convertiría rápidamente en la mayor potencia del oeste de Estados Unidos, tanto económica como políticamente. Los inmigrantes se beneficiaron de la gran extensión de tierra disponible en California, de los numerosos cursos de agua aptos para la pesca, del clima ideal para la agricultura y del suelo fértil.

Capítulo 7 - California durante la guerra civil y en los primeros años de desarrollo (1860-1869)

Cuestiones sociales iniciales

A principios de la década de 1860, la población de California había superado con creces los 300.000 habitantes, y dado que el censo no solía tener en cuenta las numerosas tribus nativas diseminadas por el estado, es probable que fueran más de 300.000. Desde el inicio de la fiebre del oro, la población se había triplicado, pero en 1860 la minería del oro ya no era el principal recurso que atraía a los inmigrantes. California tenía temperaturas suaves, temporadas de cultivo excepcionalmente largas y un suelo fértil. Todos los tipos de agricultura florecieron durante las décadas posteriores a la fiebre del oro, pero la ganadería fue probablemente la más rentable en la década de 1860. Los agricultores y fabricantes que llegaron junto a los mineros del oro eran muy necesarios en el estado recién fundado, que había dependido de los comerciantes extranjeros para la mayoría de los artículos manufacturados desde la expulsión de los misioneros franciscanos por la República de México. Sin embargo, a pesar de que la producción interna de California aumentaba y su propio mercado local crecía, los agricultores, fabricantes, productores y empresarios eran muy conscientes de las pérdidas que experimentaban por la falta de conexión con el resto de los Estados Unidos. A diferencia de muchas de las ciudades del resto de Estados Unidos, que habían experimentado un auge gradual a medida que se construían ferrocarriles y se expandían las ciudades, la fiebre del oro de California empujó a la población de este estado a crecer mucho más rápido de lo que suelen hacerlo las ciudades, lo que significaba que las ciudades del estado no estaban del todo preparadas para las necesidades de una gran sociedad permanente.

La falta de un ferrocarril no era la única forma en que las ciudades de California no estaban preparadas para grandes asentamientos permanentes. Hacia mediados del siglo XIX, surgieron muchos problemas entre los diferentes grupos étnicos que habían llegado a California con el mismo propósito, hacer fortuna o al menos algo de dinero para ellos y su familia. Aunque los ciudadanos estadounidenses que habían llegado de los estados del este parecían llevarse bien con los inmigrantes europeos, hablaran o no la lengua inglesa, en general estaban resentidos con los mineros y civiles que no hablaban inglés ni eran europeos. Empezaron a surgir prejuicios y problemas raciales entre los mineros estadounidenses y los latinos y chinos. Con el tiempo, la población minera emigró de los ríos y minas de la fiebre del oro a las ciudades recién establecidas. Muchos de los mineros chinos se congregaron en San Francisco, donde se asentaron y abrieron negocios, estableciendo el primer Chinatown de los Estados Unidos de América. Los chinos que siguieron buscando oro siguieron recibiendo un duro trato por parte de sus compañeros estadounidenses, que habían desarrollado una mentalidad racista antichina. Esto hizo que California no solo se convirtiera en un lugar difícil para los diversos extranjeros que habían llegado a lo largo del siglo XIX, sino también para los estadounidenses, especialmente los de los Estados Confederados, que no estaban acostumbrados a los extranjeros y tenían poco respeto o comprensión de la diversidad de California.

La relación de California con la esclavitud

Otro problema social de gran envergadura con el que se vieron obligados a lidiar los pueblos californianos recién fundados fue la diversidad de opiniones sobre la esclavitud. Aunque la constitución californiana había ordenado técnicamente a California como un estado de trabajo libre, el acuerdo no era exactamente específico, y había muchas maneras fáciles de encontrar lagunas en el texto. No solo los californianos estaban inseguros sobre su postura respecto a la esclavitud, sino también los demás estados, que a menudo discutían sobre lo estricta que debía ser la postura de California respecto a la esclavitud. Este debate es parte de la razón por la que California no fue admitida como estado en 1849, a pesar de haber cumplido el requisito de población. Durante la fiebre del oro, empresarios y compañías mineras de los Estados Confederados enviaron cientos, si no miles, de esclavos africanos a las minas de oro. Aunque California se determinó como un estado libre de trabajo y antiesclavista, una de las formas en que estos propietarios de esclavos eludieron las normas fue no declarando oficialmente a los esclavos como ciudadanos. En cambio eran trabajadores y fueron designados como ciudadanos para los estados que permitían la esclavitud. Así, aunque la esclavitud se producía en suelo californiano, las normas eran lo suficientemente vagas como para que rara vez hubiera consecuencias. En 1860, había unos cuantos miles de afroamericanos viviendo en California, la mayoría de ellos viviendo libremente en San Francisco, Sacramento y otras ciudades mineras más pequeñas del norte, donde la esclavitud era comúnmente rechazada y la población tenía menos prejuicios.

En general, la cuestión de la esclavitud no estaba resuelta en California como podía parecer cuando el país formó su constitución. El estado estaba esencialmente separado entre los conocidos como Free Soilers (Partido de suelo libre) en el norte, que creían que California debía ser un estado libre, y los que se autodenominaban los Chivs (abreviatura de caballería) en el sur, que querían que California fuera un estado esclavista. Esta división no fue diferente de lo que muchos de los estados del sur habían estado viendo. Algo similar ocurrió en el estado de Virginia, que acabó dividiéndose en el estado antiesclavista de Virginia Occidental y el proesclavista de Virginia. Aunque el estado de California nunca se separó técnicamente, ni era la opinión común que debía producirse la separación, la diferencia de opiniones con respecto a la esclavitud solo causó más problemas sociales para las ciudades recién formadas y la creciente población de California.

El papel de California en la guerra civil

Aunque el estado de California había sido y sigue siendo hasta el día de hoy abrumadoramente de tendencia demócrata, en el momento de las elecciones presidenciales de 1860, el candidato republicano Abraham Lincoln ganó la mayoría en California, aunque solo por un pequeño margen. Existen varias razones por las que California votó repentinamente a los republicanos, una de ellas es que los empresarios que tenían mucho poder y propiedades en California eran en su mayoría republicanos. La otra razón es probablemente que el estado no era, en su mayor parte, favorable a la esclavitud, que era una parte clave de la campaña del Partido Demócrata. Sin embargo, a pesar de que Lincoln ganó en California, las votaciones fueron más reñidas que en casi cualquier otro estado, ya que los demás estados tuvieron, en general, una amplia mayoría de votos durante las elecciones presidenciales de 1860. Las diferencias de opinión sobre la esclavitud no eran, por supuesto, un problema solo en California, y en 1861, justo después de la toma de posesión de Lincoln, estalló la guerra civil estadounidense entre los estados de la Unión (antiesclavistas) y los de la Confederación (proesclavistas). A pesar de que todavía había muchos sureños californianos poderosos que creían que la esclavitud era su derecho, durante la guerra civil, California apoyó a los ejércitos antiesclavistas de la Unión. Esto llevó a algunos de los sureños californianos descontentos a crear grupos proconfederados, como los conocidos Rifles Montados de Los Ángeles y los Caballeros del Círculo Dorado.

California sería de gran ayuda para el ejército de la Unión al proporcionar tanto soldados como financiación. Aunque California estaba lejos de la mayor parte de los combates, muchos creen que fueron, de hecho, las minas de oro de California las que ayudaron a inclinar el curso de la guerra a favor de la Unión. El estado de California estaba bastante alejado cuando estalló la guerra civil, pero aun así suministró al ejército de la Unión miles de soldados. Principalmente ayudaron a luchar en los estados cercanos, como Arizona y Nuevo México. Tras el ataque inicial a Fort Sumter, que fue lo que dio comienzo a la guerra civil, muchos californianos contrarios a la esclavitud se animaron a alistarse en el ejército, y al final de la guerra, más de 17.000 californianos se alistaron. A pesar de que el estado estaba alejado de la mayor parte de los combates, California tendría en realidad el mayor índice de alistamiento militar per cápita de la Unión en toda América, lo que se debió en parte a que la población de California era todavía bastante pequeña al comienzo de la guerra civil. Aquellos que no pudieron alistarse en el ejército también celebraron mítines a favor de la Unión, sobre todo en San Francisco, que ayudarían a inspirar a muchos hombres a unirse al movimiento en el transcurso de la guerra.

A pesar del gran número de soldados californianos que acabaron apoyando al ejército de la Unión, la mayor contribución de California a la guerra no fue en mano de obra, sino en contribuciones financieras y materiales. California fue uno de los mayores financiadores de la Comisión Sanitaria de los Estados Unidos, una organización médica de la Unión. Para ayudar a financiar las organizaciones, el ejército y el gobierno de la Unión, California envió cargamentos de oro a las fuerzas de la Unión de cualquier manera posible. Como todavía no había ferrocarriles en el momento del estallido de la guerra civil estadounidense, la forma más segura de hacer llegar el oro a la Unión era por barco, que en su mayoría salía de la bahía de San Francisco. El gobierno de los Estados Unidos comenzó a enviar tropas militares de la Unión a San Francisco para proteger los cargamentos de oro, que a veces ascendían a más de un millón de dólares. Normalmente se enviaban cantidades menores, pero todos estos envíos estaban constantemente amenazados por los asaltantes confederados en barcos de vapor.

La construcción del ferrocarril

Después de muchos años de aislamiento, aumentó la necesidad de un ferrocarril que conectara el resto de los Estados Unidos de América con California. Parecía que la construcción de un ferrocarril no podía esperar más, y en 1862, Abraham Lincoln firmó la Ley del Ferrocarril del Pacífico. Aunque California se había convertido en un estado oficial en 1850, la construcción se había retrasado debido a los numerosos debates sobre si el ferrocarril debía construirse a través del Norte o del Sur de los Estados Unidos. Por supuesto, cuando el presidente Lincoln firmó la Ley del Ferrocarril del Pacífico en 1862, se tomó la decisión de que el ferrocarril se construyera por el Norte, con la intención de ayudar a las fuerzas de la Unión en la guerra civil estadounidense y evitar que las fuerzas enemigas pudieran asaltar los trenes de la Unión si se construía en el Sur.

Aunque el debate sobre dónde se construiría el ferrocarril había terminado, la tarea de completarlo no sería nada fácil. Entre California y el este de los Estados Unidos había cientos de kilómetros de desiertos extenuantes, altas elevaciones montañosas y cursos de agua que habría que cruzar. Dado que las vías no se colocarían con máquinas tecnológicas modernas, como excavadoras o incluso explosivos, el trabajo sería agotador, peligroso y extenso.

Las obras comenzaron en 1863, pero como pocos estadounidenses querían o eran capaces de trabajar en el ferrocarril del Pacífico, la compañía Central Pacific Railroad dependía de los trabajadores chinos. Aunque en aquella época había bastantes prejuicios contra los chinos, el ferrocarril accedió a contratar a algunos de los trabajadores chinos que habitaban en California en aquella época, sobre todo con la intención de motivar a los hombres europeos y estadounidenses, que sentían que podían holgazanear y discutir por los salarios, ya que prácticamente nadie quería su trabajo. Los trabajadores chinos no solo impresionaron a los responsables del proyecto, sino que también dejaron fuera de juego a los trabajadores estadounidenses y europeos, ya que demostraron ser mucho más puntuales, eficientes y físicamente capaces de soportar las duras condiciones. La compañía Central Pacific Railroad comenzó a contratar a miles de trabajadores chinos, con la principal ventaja de que podían pagarles mucho menos. A pesar de que el Ejército de la Unión luchaba activamente contra el uso de la esclavitud, los chinos que trabajaron en la construcción del ferrocarril Central Pacific fueron maltratados y mal pagados. Aunque técnicamente no eran esclavos, soportaban un trabajo peligroso y que ponía en peligro su vida, sin apenas remuneración ni recompensa de ningún tipo.

El ferrocarril transcontinental se construyó desde ambas direcciones con el plan de encontrarse en el medio, y el 10 de mayo de 1869, tras seis años de espantosa labor realizada en su mayoría por los trabajadores chinos, los ferrocarriles Central Pacific y Union Pacific quedaron conectados. Por primera vez en la historia, los californianos tenían acceso al resto de Estados Unidos sin necesidad de pasar muchos meses navegando o de realizar peligrosas caminatas por los desiertos y las montañas.

Capítulo 8 - California después de la guerra civil hasta el final del siglo XIX (1865-1900)

La expansión de los ferrocarriles y el impacto en las ciudades de California

Aunque ya se habían construido algunos ferrocarriles locales cortos en California y sus alrededores durante la fiebre del oro, no había ferrocarriles que conectaran el estado con destinos lejanos, pero la falta de vías férreas no impidió que la gente llegara durante las décadas de 1840 y 1850. Sin embargo, el ferrocarril transcontinental, construido por los ferrocarriles Central Pacific y Union Pacific y terminado el 10 de mayo de 1869, cambiaría drásticamente los patrones de inmigración de California. La terminal occidental se había construido en Sacramento, aunque el objetivo final era que el ferrocarril transcontinental llegara a la floreciente ciudad de San Francisco. Originalmente, los pasajeros del tren se bajaban en Sacramento y luego se embarcaban en vapores de paletas que los llevaban a las ciudades cercanas, incluida San Francisco. Sin embargo, el 6 de septiembre de 1869, el Western Pacific Railroad completó la vía férrea que conectaría Sacramento y la bahía de San Francisco para que las rutas pudieran terminar en la terminal de Alameda, a solo diez millas más o menos en barco hasta San Francisco. Unos meses más tarde, la terminal se trasladó unos kilómetros al norte, a Oakland, lo que facilitaría la conexión de la línea transcontinental con el resto de las ciudades de California. En un principio, la llegada del ferrocarril transcontinental tuvo el efecto que California esperaba: las ciudades del norte a las que llegaba la línea de tren ampliaron su economía y población de forma tan drástica como durante la fiebre del oro. Sin embargo, lo que los empresarios del norte, que habían impulsado el ferrocarril, no esperaban era la expansión en el sur de California durante las siguientes décadas, que restaría poder y negocios al antes floreciente norte.

Cuando el ferrocarril transcontinental llegó al norte de California, los pasajeros que se trasladaban para establecerse y cultivar descubrieron rápidamente que casi toda la zona en un radio de cien millas o más de la terminal ya era propiedad de grandes empresas, que esperaban sacar provecho de los pasajeros, y de grandes ranchos que se habían mantenido en la familia desde la época en que México era dueño de California. Aunque muchos orientales se asentaron en la ciudad de San Francisco, en constante expansión, los que buscaban cultivar y poseer alguna propiedad empezaron a extenderse rápidamente hacia el sur en busca de terrenos baldíos. En la década de 1880, el estado de California había rebajado el coste de los boletos para promover los viajes y amplió el ferrocarril cientos de millas hacia el sur. En 1885, el ferrocarril llegó por fin a Los Ángeles, que tenía una población de poco más de 10.000 personas en ese momento. En la década siguiente, la población de Los Ángeles y del sur de California creció en decenas de miles de personas y, a finales de siglo, habría más de 100.000 habitantes solo en Los Ángeles.

A medida que los ferrocarriles se expandían, las compañías compraban todos los terrenos que rodeaban las terminales con la intención de construir edificios que se adaptaran a todo tipo de comprador y viajero que llegara. A finales del siglo XIX, California se llenó de hoteles vacacionales, parques estatales oficiales y otros trucos para atraer a los turistas que, con suerte, se asentarían y ayudarían a hacer crecer la economía de California.

El panorama turístico de California

Casi todos los estadounidenses, incluso los que no tenían intención de establecerse en California, estaban interesados en visitar el estado. Entre la fascinación por la fiebre del oro y las promociones de los ferrocarriles y empresarios californianos que anunciaban paisajes únicos del estado, California se convirtió rápidamente en un lugar turístico muy popular y en un destino de ensueño para muchos estadounidenses del este. En 1865, incluso Abraham Lincoln fue citado diciendo: «He deseado durante mucho tiempo ver California; la producción de sus minas de oro ha sido una maravilla para mí... Ahora tengo el propósito, cuando el ferrocarril esté terminado, de visitar su maravilloso estado». Aunque muchos de los viajeros temporales que llegaban en los trenes a California tenían la intención de hacerse ricos extrayendo oro, lo que en la época de las líneas de tren se había convertido en una especie de tarea absurda, otros llegaban simplemente para ver la fiebre del oro en acción después de haber oído rumores del frenesí durante años. A medida que la línea de tren se expandía, las minas de oro ya no eran los únicos destinos que se anunciaban a los viajeros. Los turistas empezaron a buscar el paisaje único de California, la costa del Pacífico, los bosques de secuoyas y los acantilados y cascadas del valle de Yosemite. Los ferrocarriles y las grandes empresas y negocios californianos se dieron cuenta rápidamente de que resultaba más rentable montar negocios cerca de las atracciones para los turistas que para los californianos, por lo que los hoteles, los restaurantes temáticos y las excursiones preparadas se hicieron cada vez más comunes.

Los movimientos conservacionistas de California

A medida que las grandes empresas y las compañías ferroviarias empezaron a beneficiarse del turismo de California con la instalación de hoteles, ferrocarriles y tiendas, cada vez más terrenos de California eran devorados por las atracciones turísticas. Aunque muchos turistas estaban contentos de subirse al tren, alojarse en los hoteles de moda, hacer algunas excursiones por los paisajes únicos de California y luego volver a casa, otros turistas se daban cuenta de cómo los paisajes estaban siendo transformados y destruidos por el turismo. Fue el asombroso valle glacial de Yosemite, en California, el que inspiró al escocés John Muir a encontrar una forma de proteger la increíble flora y fauna del estado. John Muir llegó a California justo después de que se completara la línea de tren transcontinental, y tras pasar algunos años trabajando y viajando por California, se dio cuenta de cómo el estado del que se había enamorado estaba cambiando a su alrededor. Muir empezó a relacionarse con otros amantes de la naturaleza en el Sierra Club, y juntos, el grupo fundó un movimiento de conservación cuyo objetivo principal era proteger las maravillas naturales de California. El grupo conservacionista, así como otros inspirados por Muir y sus compañeros californianos amantes de la naturaleza, empezaron a ponerse en contacto con los gobiernos estatal y nacional para poner en marcha algunas normas que preservaran la mayor cantidad de naturaleza posible. Aunque el grupo tendría muchos pequeños éxitos durante las décadas de 1870 y 1880, en 1890 lograron el objetivo original de Muir de proteger el valle de Yosemite con la creación del Parque Nacional de Yosemite.

La población nativa de California a finales del siglo XIX

John Muir y los demás conservacionistas no eran los únicos que intentaban proteger la naturaleza y el paisaje de California frente a las grandes empresas y los emprendimientos ferroviarios. Aunque el auge de la población benefició a muchos de los californianos americanos que habían establecido negocios durante la fiebre del oro, causó una destrucción masiva de la población que había vivido allí anteriormente. Los nativos americanos de California habían sufrido con cada nuevo patrón de inmigración que había llegado al estado, siendo la expansión de los ferrocarriles tal vez una de las peores cosas que le han ocurrido a la población nativa hasta la fecha. A medida que los estadounidenses llegaban en hordas en los trenes, planeando asentarse en las tierras del sur y del este que no habían sido compradas y desarrolladas por las empresas, el territorio de los nativos americanos seguía reduciéndose. La historia se repitió cuando la población nativa, que había restablecido su forma de vida migratoria durante las décadas anteriores, fue obligada a formar comunidades en pequeñas tierras restringidas y preservadas, conocidas como reservas, de forma similar a cuando California estaba bajo la autoridad de los franciscanos. Las tribus nativas, que acababan de encontrar la libertad de los ranchos y habían logrado encontrar un espacio durante la fiebre del oro para vivir su estilo de vida migratorio lejos de la costa donde se habían asentado los estadounidenses, fueron de nuevo expulsadas de sus propios territorios. Con cada año que pasaba, los ferrocarriles ampliaban sus vías, trayendo consigo a estadounidenses y europeos que poco a poco se asentaban en más y más tierras nativas previamente ocupadas. A medida que llegaban más colonos, las tierras de las reservas de los nativos americanos eran cada vez más desfavorables, ya que los territorios fértiles se entregaban a los posibles agricultores blancos estadounidenses. Los nativos americanos se vieron obligados a acostumbrarse al modelo. El ferrocarril se expandió, fueron trasladados a un territorio más pequeño, los colonos encontraron algo de interés mientras exploraban los territorios cercanos, y las tribus nativas fueron trasladadas de nuevo, su territorio se redujo gradualmente y la migración dejó de ser posible.

Por supuesto, la población nativa americana no se limitó a permitir amistosamente que los colonos se apropiaran de sus tierras, y muchas tribus, que para empezar eran pequeñas, fueron aniquiladas casi por completo al intentar defender sus tierras. Incluso las historias de éxito de los nativos americanos rara vez eran positivas, ya que las victorias solo duraban hasta que llegaban los siguientes colonos. Uno de los ejemplos más conocidos de las relaciones nada armoniosas entre los nativos americanos y los blancos fue la guerra Modoc, que duró de 1872 a 1873. Antes de la década de 1860, la población modoc vivía pacíficamente en la región del lago Tule, en el noreste de California. Sin embargo, en 1864, tras muchos años de vivir a distancia, prácticamente aislados, los estadounidenses llegados con motivo de la fiebre del oro quisieron establecerse y explotar minas en el territorio de la tribu Modoc. Los Estados Unidos crearon una reserva para que se trasladaran a Klamath, Oregón, a unas cuarenta millas de su anterior territorio en Tule Lake, California. Conscientes de la posibilidad de una guerra y sabiendo que los estadounidenses estarían más preparados que ellos, la población modoc se trasladó lo más pacíficamente posible a las tierras de la reserva concedida en el sur de Oregón. Aunque la población modoc se resituó con resentimiento en su nuevo territorio, planeó encontrar la forma de regresar a su hogar. Finalmente, en 1870, alrededor de 175 de los modoc que habían sido trasladados a la reserva de Klamath regresaron al lago Tule bajo el liderazgo de Kientpoos (conocido como Capitán Jack). El grupo permaneció allí durante casi dos años, hasta que los comandantes del ejército estadounidense recibieron instrucciones de que, si era posible, devolvieran pacíficamente a los modoc a su reserva. Por supuesto, los enfurecidos nativos americanos no estaban dispuestos a volver pacíficamente a la reserva del gobierno, y en 1873, las órdenes del ejército estadounidense cambiaron, y se les ordenó utilizar más fuerza para expulsar a los modoc de su tierra natal. Así comenzó la guerra Modoc.

El 17 de enero de 1873, 400 hombres armados del ejército de los Estados Unidos, la mayoría de ellos a caballo, sorprendieron y atacaron al medio centenar de modoc que defendían el lago Tule. Aunque los modoc fueron sorprendidos con la guardia baja, conocían bien el singular paisaje de lechos de lava y acantilados, y lo utilizaron a su favor. A pesar de que los estadounidenses contaban con un avanzado armamento de la guerra civil en comparación con las lentas y anticuadas armas de avancarga de los nativos, los modoc consiguieron matar a unas cuantas docenas de soldados estadounidenses y obligaron al resto a retirarse. Tras esa breve interacción violenta, el líder de los modoc, Kientpoos (capitán Jack), acompañado de otros modoc, se reunió con el general Edward Canby para discutir soluciones pacíficas. El período de paz y discusión duró unos meses, pero con el tiempo, los modoc dejaron de llegar a las reuniones programadas, y ambas partes se agravaron. El 11 de abril de 1873, las dos partes habían planeado tener una discusión pacífica, pero tanto los soldados estadounidenses como los modoc se presentaron armados. En la reunión del 11 de abril, Kientpoos (el capitán Jack), que estaba decidido a encontrar una solución, pidió una promesa al general Canby de que la tribu Modoc podría tener un lugar en su tierra natal, cosa que Canby no pudo prometer. Esta fue la gota que colmó el vaso, y la tribu Modoc atacó y mató al general Canby. Canby fue el único general del Ejército de los Estados Unidos que murió en las guerras indias, por lo que se puede decir que, tras su muerte el 11 de abril, el Ejército de los Estados Unidos quedó fuera de los acuerdos pacíficos. El 15 de abril, el Ejército de los Estados Unidos envió 600 soldados para atacar a los modoc y, tras unos pocos días de lucha, obligaron a los modoc a dividirse y huir hacia el este. Por supuesto, los soldados estadounidenses no iban a permitir que la tribu Modoc se escapara después de matar a su general, y en el transcurso del mes siguiente, los grupos modoc fueron perseguidos. Con el tiempo, uno de los pequeños grupos modoc que se había separado de la asamblea principal fue capturado, y accedió a ayudar al Ejército de los Estados Unidos a localizar al resto de los modoc y, más concretamente, a su líder Kientpoos (capitán Jack). El resto de los modoc fueron capturados el 1 de junio, y aunque la mayoría fueron enviados a varias reservas de Oklahoma, cuatro meses después, el capitán Jack y otros seis modoc fueron colgados por asesinato. Pasarían treinta y seis años antes de que a los modoc que habían sido enviados a las reservas de Oklahoma se les permitiera volver con sus familias en las reservas de Klamath. Los modoc perdieron su tierra natal y, al perder su hogar, también perdieron su estilo de vida, su dieta, su arte, sus tradiciones y otras formas de vida que eran exclusivas de su ubicación. Aunque la tribu Modoc presentó una buena batalla, no tenía muchas posibilidades contra el ejército de los Estados Unidos, que no solo contaba con mucha más gente y armas más avanzadas, sino también con dinero. Solo en la guerra de los modoc, el ejército estadounidense gastó 500.000 dólares.

Los modoc no fueron ni mucho menos la única tribu que fue expulsada de su hogar ancestral por los colonos y el ejército de Estados Unidos. A lo largo de lo que se conoce como las guerras indias, cientos de tribus fueron obligadas a vivir en reservas y miles de nativos americanos perdieron la vida. Mientras esto ocurría en todo Estados Unidos, las tribus californianas, antes diversas y pacíficas, fueron golpeadas con especial dureza, y en 1900 se calcula que solo quedaban unos 15.000 nativos americanos en California. Aunque la principal razón por la que la población de nativos americanos disminuyó de más de cien mil a solo 15.000 fue el desplazamiento a otros estados, miles de nativos americanos murieron debido a la guerra o a las enfermedades traídas por los turistas y colonos.

Los californianos mexicanos y los ranchos de California a finales del siglo XIX

Aunque no fue tan destructiva como para la población nativa americana, la llegada de los nuevos colonos estadounidenses a lo largo del siglo XIX no fue del todo positiva para los demás californianos que habían prosperado en el territorio antes de la fiebre del oro. Aunque a los mexicanos de élite de California les fue bastante bien durante la década de 1850, muchos mineros blancos estadounidenses desarrollaron prejuicios hacia los mineros mexicanos e hispanos durante la fiebre del oro. Con el paso de los años, este prejuicio alcanzó incluso a los mexicanos más ricos de California. A medida que llegaban los colonos estadounidenses, con la esperanza de comprar tierras en California, muchos se decepcionaron al descubrir que gran parte de las tierras a lo largo de la costa del Pacífico y cerca de las ciudades en expansión habían sido concedidas a civiles mexicanos y españoles tras la expulsión de los misioneros franciscanos. La discusión sobre si estas concesiones de tierras debían seguir siendo válidas, ya que el territorio no había sido comprado y ahora pertenecía a los Estados Unidos, se convirtió en algo habitual. Los terratenientes mexicanos y españoles se vieron obligados a gastar miles de dólares en los tribunales para disputar su caso, lo que, incluso si ganaban, a menudo les dejaba sin el dinero necesario para mantener la propiedad. En el transcurso de las décadas que siguieron a la fiebre del oro, la población blanca estadounidense empezó a superar gradualmente a la mexicana y, con el tiempo, los mexicanos e hispanos perdieron la mayor parte de su poder en el estado de California. Hacia la década de 1880, la población española y mexicana se convertiría en una pequeña minoría de la población, y sería mayormente olvidada por la creciente población blanca estadounidense. No sería hasta el siglo XX, cuando se reanudó la inmigración española y mexicana, que la población española y mexicana comenzó a tener más voz en la política y el estilo de vida de California una vez más.

El feminismo en California

Aunque la igualdad de sexos no se acercaba a los estándares actuales, en general, California era más progresista que otros estados estadounidenses a mediados del siglo XIX. Por supuesto, las mujeres seguían sin poder votar, y los derechos "progresistas" solo se concedían a las mujeres blancas de California. Sin embargo, las esposas blancas podían ser técnicamente propietarias en 1850, lo que no era común en los estados del sur. Aunque California no permitiría a las mujeres votar hasta 1911, en 1884, una política feminista californiana, Marietta L. Stow, se convirtió en la primera mujer en presentarse a la vicepresidencia de los Estados Unidos. Aunque la propia Marietta L. Stow se enfrentó a la desigualdad, su eslogan mientras se presentaba a la gobernación de California era "antimonopolio, antirresonante y antichino". Esto era común, ya que los diversos grupos de minorías (y los que se enfrentaban a la desigualdad) en California no tenían menos prejuicios entre sí que los estadounidenses blancos.

La población china en California hacia finales del siglo XIX

Si la campaña política de Marietta L. Stow de la década de 1880, "antimonopolio, antianillo y antichino", fue un indicio, a lo largo del siglo XIX los prejuicios contra los inmigrantes chinos no hicieron más que empeorar. Durante la fiebre del oro, decenas de miles de inmigrantes chinos llegaron junto a extranjeros de Estados Unidos, Europa y Sudamérica, y la discriminación contra los chinos en los campamentos mineros comenzó casi inmediatamente. En las décadas de 1860 y 1870, cuando la minería del oro pasó a ser propiedad de grandes empresas en lugar de mineros individuales, la mayoría de los inmigrantes chinos que habían llegado para la fiebre del oro se habían trasladado a zonas rurales. Aunque la mayor parte de la población de California a finales de siglo había llegado a través de las vías del tren tendidas por los inmigrantes chinos que habían vivido en California durante la fiebre del oro, cuando la economía nacional empeoró en la década de 1870, muchos estadounidenses consideraron que era injusto que se contratara a los trabajadores chinos mientras había "estadounidenses" sin trabajo. Técnicamente, era cierto que los obreros chinos habían recibido muchos trabajos, trabajos que podrían haber ido a parar a los "estadounidenses", pero esto se debía principalmente al hecho de que no había regulaciones que impidieran pagar a las minorías menos que a los estadounidenses blancos que trabajaban en el mismo trabajo. Los jefes se aprovechaban de los chinos, que no habrían contratado a estadounidenses blancos para realizar el trabajo, ya que les costaría más. La reputación de los chinos no se vio favorecida por el hecho de que los inmigrantes chinos siguieron llegando a lo largo de la década de 1870, lo que hizo que los estadounidenses discriminaran más a los chinos estadounidenses, algunos de los cuales habían vivido en California durante dos décadas o más, ya que sentían que su trabajo estaba aún más amenazado que antes. En 1880, Estados Unidos comenzaría a regular la inmigración china y, en 1882, firmó la Ley de Exclusión China, que puso fin a la inmigración china por completo hasta 1890.

Aunque la mayoría de los inmigrantes chinos que llegaron para extraer oro en la década de 1850 se fueron inmediatamente a trabajar a las granjas de las zonas rurales después de que la fiebre del oro llegara a su fin, el 24% de la población china de California se trasladó a San Francisco. San Francisco se había convertido en un lugar seguro o, al menos, en el más seguro para los inmigrantes chinos en el estado de California. A medida que crecía el barrio chino de la ciudad, los chinos estadounidenses podían esperar encontrar restaurantes con la comida con la que habían crecido, trabajar con personas que hablaban su idioma y compañeros de habla china con los que hacerse amigos. Mientras el sentimiento antichino crecía y se manifestaba abiertamente en mítines y protestas, la población china prosperaba en San Francisco (al menos en comparación con otros estados y zonas de California), y en poco tiempo, muchos de los inmigrantes chinos que habían estado trabajando en las zonas rurales se trasladaron a las ciudades. A finales de siglo, más de la mitad de la población china de California se había trasladado a las zonas urbanas, el 45% de la cual vivía en San Francisco y sus alrededores.

La mayoría de los inmigrantes chinos en California eran hombres, ya que la mayoría de los inmigrantes tenían la intención de hacerse ricos durante la fiebre del oro de California y volver a casa con sus familias o traer a sus familias a California. Las mujeres chinas en California lo tenían bastante peor que los hombres. La mano de obra femenina en California ya era limitada, y además de los prejuicios antichinos, las mujeres tenían casi imposible encontrar trabajo. Las que conseguían llegar a California eran a menudo engañadas para convertirse esencialmente en esclavas del comercio sexual, y en 1870, más del 60 por ciento de las mujeres chinas de California eran prostitutas, sin poder librarse de los contratos injustos.

California se adentra en el nuevo siglo

Si la historia de California a mediados del siglo XIX se define por la fiebre del oro y sus múltiples efectos, California entre el final de la guerra civil y el cambio de siglo puede definirse casi por completo por la finalización del ferrocarril. Independientemente de los efectos, a menudo desastrosos, sobre las poblaciones china, mexicana, española y nativa americana, California se expandía a un ritmo récord. En la década de 1890, California ya había tenido su primer boom inmobiliario y su primer colapso inmobiliario; el turismo se estaba estableciendo, con edificios para acomodar a los turistas que se construían tan rápidamente que el conservadurismo estaba fundado; y la población de nativos americanos se había reducido a solo el 5 por ciento de lo que había sido antes de la fiebre del oro. Con la excavación de casi todo el oro del estado, California comenzó a desarrollar su propia y única economía diversificada con la extracción de otros minerales, así como la agricultura que aún no había sido accesible para Estados Unidos. Sin embargo, en 1900, California ya no era el único estado del Oeste, ya que toda la costa del Pacífico había sido establecida por los nuevos estados estadounidenses. En general, a pesar de la desigualdad entre las razas, a lo largo del siglo XIX y todavía en la actualidad, California se convirtió en un lugar deseable para la mayoría de los inmigrantes que llegaban a Estados Unidos con la esperanza de alcanzar el "sueño americano".

Capítulo 9 - California en el siglo XX (1900-2000)

A diferencia de la mayoría de los estados y ciudades, que recibieron una inmigración más organizada y un crecimiento económico gradual, la fiebre del oro de California creó un boom demográfico para el que el estado aún no estaba preparado. Las ciudades eran pequeñas y no estaban preparadas para la afluencia de gente, y la economía local no estaba establecida, pero a principios del siglo XX, el punto álgido de la fiebre del oro había terminado hacía más de medio siglo. En 1850, la población de California era de 92.597 habitantes, y en 1900, la población había crecido hasta 1.485.053 personas, muchas de las cuales habían llegado mucho después de que la fiebre del oro hubiera terminado. A finales de siglo, las más de un millón de personas que ahora habitaban California habían establecido formas de construir la economía local californiana, siendo una de las principales la producción de petróleo. En 1855 se descubrió petróleo a menos de cuarenta millas de la todavía pequeña Los Ángeles, en el Pico Canyon, y en 1865 se descubrió otro pozo de petróleo en el condado de Humboldt, en el norte de California. Cuando se descubrió el petróleo, Estados Unidos no tenía mucha necesidad de él, pero en el transcurso de los siglos XIX y XX, la demanda de petróleo se dispararía, ya que los automóviles se hicieron comunes. En el año 1900, California era uno de los principales estados productores de petróleo de Estados Unidos, lo que ayudaría a establecer la economía y la mano de obra de California y daría a los inmigrantes otra razón para elegir California para establecerse.

Terremoto de San Francisco

A pesar de que la economía y la población de California crecían a una velocidad récord cada año que pasaba, las ciudades estaban a menudo mal equipadas para los colonos que llegaban y, a su vez, los colonos estaban mal equipados para la topografía, el clima y los fenómenos naturales únicos de California. Al igual que en la actualidad, el estado de California no era ajeno a los incendios forestales, las inundaciones y los terremotos, y aunque todos ellos podían ser destructivos, las comunidades de nativos americanos que habían vivido antes en el territorio habían adoptado estrategias para hacer frente a los posibles desastres naturales. En cambio, los colonos estadounidenses estaban acostumbrados, en su mayoría, a los climas y la naturaleza del este, que, en comparación con California, es mucho más estable. No estaban preparados para las posibles catástrofes naturales. A medida que se levantaban los edificios, pocos se construían teniendo en cuenta las catástrofes naturales, razón por la cual el terremoto de San Francisco de 1906 afectó tanto a California.

Aunque San Francisco y el estado de California habían experimentado otros terremotos, concretamente dos pocos años antes, en 1898 y 1900, en la mañana del 18 de abril de 1906, San Francisco y el estado de California sufrieron un terremoto como los colonos nunca habían experimentado antes. Antes del amanecer, la ciudad de San Francisco fue golpeada por un terremoto de magnitud 7,7 a 7,9, que fue descrito como «el rugido de 10.000 leones». A las cinco de la mañana, toda la ciudad tembló, y como la ciudad no estaba preparada, los tejados de cristal se hicieron añicos por todas las calles, el Ayuntamiento se derrumbó y muchos incendios masivos e incontrolables se extendieron por la ciudad. Aunque el terremoto de

1906 fue más que dañino, sería el incendio el que causó la mayor destrucción en la ciudad. El fuego, que se prolongó durante tres días más, destruyó cerca de 30.000 edificios en unas 500 manzanas de la, en ese momento, recién construida San Francisco. Teniendo en cuenta que los bomberos de principios del siglo XX aún estaban mal equipados para luchar contra los incendios y que los de California carecían casi por completo de experiencia en la lucha contra los incendios masivos, el cuerpo de bomberos fue incapaz de apagar el fuego, y no sería hasta que la lluvia cayera el 21 de abril que el incendio se apagaría de una vez por todas. En menos de una semana, la ciudad quedó destruida; se calcula que se perdieron bienes por valor de unos 350 millones de dólares y que unas 4.000 personas murieron a causa del terremoto y los incendios resultantes.

El terremoto, que solo duró un minuto, causaría efectos que se extenderían por todo el estado de California. Debido a la respuesta de San Francisco al suceso, se hizo rápidamente evidente lo comunes que eran los problemas de clase, raza y política en el estado de California. Tras el terremoto y los incendios de 1906, un cuarto de millón de personas se quedaron sin hogar, lo que abrió aún más la brecha entre los ciudadanos de la élite de la clase alta y la clase trabajadora, que fue la que más sufrió. Dado que la ciudad de San Francisco necesitaba ser reconstruida, el dinero de ayuda llegó rápidamente de Estados Unidos, cuyo presidente en ese momento era Theodore Roosevelt, así como de países europeos y asiáticos que se habían convertido en socios comerciales bien conocidos del estado de California. La reconstrucción de la ciudad se puso en manos del alcalde, James Phelan, y de su comité formado por los ricos empresarios de la ciudad, que rápidamente establecieron campos de refugiados estrechos y mal atendidos para los sin techo de San Francisco.

Aunque las desigualdades entre la clase trabajadora y la élite han existido técnicamente en California desde el principio de su historia, se hicieron más evidentes por la forma en que el comité respondió a las crisis de 1906 en San Francisco. A pesar de que 250.000 personas habían perdido sus hogares a causa de los incendios y el terremoto, en lugar de centrarse en la reconstrucción de las viviendas, el comité creó campos de refugiados y se centró en la reconstrucción de los negocios. Los que habían sido pobres antes de 1906 fueron los que más sufrieron, ya que las comunidades más pobres solían vivir y trabajar en los mismos edificios, lo que significaba que si alguien perdía su lugar de trabajo por el incendio o el terremoto, también perdía su casa. Las diversas minorías raciales de San Francisco, que ya lo tenían bastante difícil, sufrieron mucho con los acontecimientos de 1906. Casi todo el barrio chino de San Francisco ardió en los incendios, lo que muchos asocian directamente a los intentos del comité de proteger el barrio de Nob Hill, donde residían muchos de los dirigentes ricos de la ciudad, ya que utilizaron dinamita en los edificios del barrio chino para frenar la propagación del fuego. Sin embargo, esta acción no solo destruyó casas y negocios chinos, sino que alimentó las llamas. Después de que la lluvia apagara el fuego, los soldados, que tenían instrucciones de proteger y vigilar la ciudad, hicieron la vista gorda y permitieron que hombres, mujeres y compañeros de armas saquearan Chinatown de todo lo que había sobrevivido al fuego, lo que significó que los chinos perdieron todo lo que tenían de valor, incluso lo que no se quemó. Los saqueos se convirtieron en algo habitual tras el terremoto y los incendios, y las fuerzas policiales, mal equipadas, recibieron instrucciones de disparar a los saqueadores. Sin embargo, a menudo disparaban desproporcionadamente a las minorías raciales, aunque casi todos los civiles pobres saqueaban en ese momento. San Francisco se reconstruyó gradualmente teniendo en cuenta los incendios, terremotos y otros desastres naturales para evitar cualquier otra crisis como la ocurrida en 1906, y a medida que se construían las demás ciudades de California, los urbanistas aprendían de San Francisco y planificaban con antelación.

Expansión del sur de California

Tras los sucesos del terremoto de San Francisco y los incendios de 1906, San Francisco y, por ende, el norte de California, se volvieron menos deseables para los nuevos colonos. Aunque la población de California aumentaría en un 60% en 1910, la mayoría de la población ya no se dirigía a la zona de la bahía de San Francisco, sino al sur de California, en constante expansión. En 1900, San Francisco representaba casi una cuarta parte de la población de California, con alrededor de 342.782 personas viviendo allí, pero en 1910, la población había crecido en menos de 100.000 personas a pesar de que la población total de California había crecido en cerca de un millón.

Se rumoreaba que el sur de California, al que ahora se podía acceder fácilmente desde las líneas de tren, tenía unas condiciones de crecimiento increíbles, y crecía a velocidades récord, con la mayor parte del crecimiento centrado específicamente en Los Ángeles, que tenía la ventaja de contar con pozos de petróleo cercanos. A principios de siglo, la población de Los Ángeles apenas superaba los 100.000 habitantes, pero en una década, la población había crecido hasta los 319.198, y en 1920, la población de Los Ángeles tendría decenas de miles de personas más que San Francisco. Parte de este aumento de la población se debió a la afluencia de inmigrantes mexicanos que llegaron a lo largo de la década de 1910 mientras el país se enfrentaba a sus sangrientos años de revolución. La otra razón del crecimiento de la población fue la creación de la industria cinematográfica, que tuvo un gran auge a principios del siglo XX, trayendo a Hollywood hordas de posibles estrellas del cine. No eran diferentes de los 49ers de la fiebre del oro, ya que también tenían sueños de hacerse ricos.

La industria cinematográfica

Para muchos extranjeros, California es ahora sinónimo de Hollywood y su industria cinematográfica. La primera película de Hollywood, *El conde de Montecristo*, se terminó en 1908, pero la industria cinematográfica de Hollywood no empezaría realmente a cobrar fuerza hasta la década de 1910. Hasta el siglo XX, todas las películas estadounidenses se habían producido en la costa este, pero en 1908, cuando Thomas Edison fundó la Motion Picture Patents Company, que esencialmente acabó con las empresas de la industria cinematográfica de Estados Unidos con costosas demandas, las compañías cinematográficas empezaron a alejarse lo más posible de Edison. En 1910, la primera película se rodó íntegramente en California y, en 1911, se abrió el primer estudio cinematográfico de California en el Sunset Boulevard de Hollywood. California se convirtió en el lugar perfecto para los cineastas. Tenía un clima predecible, una luz solar óptima, todo tipo de paisajes de fondo y, lo mejor de todo, los cineastas no podían ser demandados por la Motion Picture Patents Company. A medida que aumentaba la producción de películas en California, con bellas tomas idílicas de la naturaleza, el estado recibía publicidad gratuita y llegaban hordas de colonos, tanto para aparecer en las películas como para visitar los escenarios que estas mostraban.

La Primera Guerra Mundial

Aunque California y los demás estados occidentales participaron mucho menos en la Primera Guerra Mundial, así como en otras guerras, que los estados del este de Estados Unidos, el estado de California siguió desempeñando su papel durante la Gran Guerra, que duró de 1914 a 1918. A lo largo de la Primera Guerra Mundial, la mayor contribución de California fue para el sector militar de la aviación de los Aliados. Durante la Primera Guerra Mundial, casi 200.000 empleados trabajaban en la industria aeronáutica de California, y al final de la guerra, solo la región sur del estado contribuiría con unos 17.000 aviones a los esfuerzos militares de Estados Unidos. Dado que la industria aeronáutica crecía rápidamente en California, la formación de pilotos se convirtió en algo habitual, y el estado envió más de diez mil pilotos para ayudar a los Aliados en la Primera Guerra Mundial. Gracias a las necesidades de aviones del ejército de Estados Unidos durante la Primera Guerra Mundial, la economía de California floreció en la década de 1910. Se crearon cientos de miles de puestos de trabajo y el sur de California, concretamente Los Ángeles y San Diego, se consolidó como uno de los principales lugares de fabricación de aviones de Estados Unidos.

California en la década de 1920

Aunque la Primera Guerra Mundial ayudó a impulsar la economía de California durante la década de 1910, una vez terminada la guerra, hubo mucha menos demanda para la fabricación de armas, aviones y otros suministros militares. Las fábricas y las granjas, que se habían expandido y habían contratado a miles de trabajadores adicionales, ya no tenían tanta demanda, y muchas personas fueron despedidas cuando las empresas intentaron reducir su tamaño. Los agricultores del estado, que habían tenido demandas masivas durante la guerra, fueron los más afectados. Dicho esto, los años 20 en Estados Unidos fueron una época de gastos excesivos. En el transcurso de la década, la fabricación de automóviles se hizo más común, creando decenas de miles de puestos de trabajo en el estado a medida que crecía la demanda de petróleo, construcción de calles y carreteras, metales y otras industrias relacionadas con el automóvil. La introducción del automóvil en el hogar promedio estadounidense es lo que facilitaría la inmigración masiva a California en el transcurso de los años 20, así como en las décadas siguientes, ya que los colonos ya no dependían del ferrocarril. La inmigración masiva en California no solo procedía de Estados Unidos, sino también de Asia, concretamente de Filipinas, durante los años veinte. Aunque este aumento de la población y del turismo se fomentó durante los años veinte, ya que se hizo necesario para el crecimiento de las empresas y la economía de California, se convertiría en una cuestión de discordia e insatisfacción masiva durante la siguiente década, cuando el desempleo alcanzaría un máximo histórico y los californianos sentirían que sus puestos de trabajo estaban siendo robados por los inmigrantes.

En general, la década de 1920, no solo en California, sino también en el resto de los Estados Unidos, demuestra exactamente lo dividida que estaba la población. Mientras que los años veinte fueron una época de excesos y fiestas para muchos, el resto de la población tenía problemas sociales y económicos. Mientras los hombres regresaban de la guerra y el sector agrícola de la economía se resentía, las familias reunidas ayudaban a impulsar la población urbana en California. Como muchos habían regresado de los horrores de la guerra, los locos años veinte, como se les llama, se convirtieron en una época de consumo, fiesta y liberación para algunos. A principios del siglo XX, las mujeres habían presionado por su derecho al voto, que finalmente se les concedió en 1911. Durante la Primera Guerra Mundial, a las mujeres se les concedió otra libertad progresiva, el derecho al trabajo, que se hizo necesario a medida que más y más hombres se iban a la guerra. Aunque las mujeres no se convertirían en mano de obra habitual hasta la Segunda Guerra Mundial, las décadas de 1910 y 1920 siguen representando un periodo de liberación para las mujeres de California y de Estados Unidos.

Sin embargo, la década de los veinte, que suele considerarse un periodo de liberación para muchos, no lo fue para todos. Los afroamericanos de California eran considerados ciudadanos de segunda clase y, aunque no estaban oficialmente segregados, no se les permitía asistir a las escuelas para blancos, junto con los nativos americanos, los mexicanos, los chinos y otras minorías raciales. Aunque el movimiento por los derechos civiles crecía en California, especialmente en Oakland, los linchamientos seguían siendo habituales, y los californianos seguían siendo generalmente hostiles hacia los afroamericanos, incluso hacia los que habían luchado junto a los soldados blancos estadounidenses en la Primera Guerra Mundial. Las actitudes no eran mucho mejores hacia la población asiática, y una vez más, las minorías asiáticas estaban resentidas por "robar" puestos de trabajo californianos, ya que estaban "dispuestos" (obligados) a trabajar por menos dinero en las granjas. Las tensiones raciales entre las comunidades asiáticas y blancas de California seguirían creciendo, especialmente en las zonas rurales, lo que se puso de manifiesto en los numerosos enfrentamientos violentos que se producirían en las siguientes décadas, como la huelga de la lechuga de Salinas de 1936.

La Gran Depresión

En 1940, la población de California crecería hasta los 6.907.387 habitantes, un crecimiento de más de cuatro millones y medio de personas desde 1910. Una de las mayores causas de la inmigración masiva en las primeras décadas del siglo XX fue la Gran Depresión. En octubre de 1929, en un día que se conoce como el martes negro, la bolsa de Estados Unidos se desplomó, afectando a casi todo el país. La gente dejó de comprar productos, las empresas empezaron a despedir empleados, las familias perdieron sus casas y, mientras todo esto ocurría, Estados Unidos soportó uno de sus peores periodos de sequía en ese momento, otro suceso natural para el que los habitantes del noreste no estaban preparados cuando se trasladaron a California y otros estados del sur. Las granjas californianas sufrieron, y prácticamente todos los proyectos de construcción y expansión se suspendieron mientras el país intentaba recuperarse. A pesar de ello, la gente siguió trasladándose a California. Con las escenas idílicas de las películas y las pinturas del estado en sus mentes, los estadounidenses acudieron por cientos de miles para esperar encontrar refugio en California. Como se ve en la famosa novela de John Steinbeck de 1937, *De ratones y hombres*, y en su novela de 1939, *Las uvas de la ira*, los inmigrantes llegaban a California en busca de trabajo y vivían esencialmente como nómadas, moviéndose de granja en granja a medida que surgían trabajos extraños.

Sin embargo, a medida que llegaban más y más inmigrantes en busca de una vida mejor en California, el mercado laboral era cada vez más pequeño, sobre todo porque las empresas seguían cerrando y despidiendo trabajadores. Al igual que su reacción ante los trabajadores chinos, los californianos se resintieron rápidamente de los inmigrantes estadounidenses que llegaban a California y les quitaban el trabajo. En general, durante el siglo XX, las disparidades de clase de California se hicieron cada vez más evidentes cuando se produjeron desastres, como el terremoto de San Francisco o la Gran Depresión. En 1934, alrededor de una quinta parte de la población tuvo que recurrir a la ayuda pública para mantenerse a flote. Los inmigrantes seguían llegando, y como no estaban establecidos en la zona, estaban dispuestos a emigrar para conseguir trabajo, lo que no era realmente una posibilidad para los que tenían vidas establecidas en California con familias y hogares. Una vez más, el porcentaje de población sin hogar se disparó, y por todo el estado surgieron zonas como Pipe City, en Oakland, donde los desempleados vivían en tuberías de alcantarillado de hormigón sobre el suelo.

Reformas políticas

Tras los desastrosos acontecimientos que asolaron la historia temprana de California, como el terremoto de San Francisco y la Gran Depresión, el sistema político del estado fue puesto a prueba y finalmente se vio obligado a cambiar. Hasta el siglo XX, California permaneció en su mayoría relajada en cuanto a la política, ya que las ciudades estaban en su mayoría bajo el poder de los empresarios. Los californianos parecían compartir la creencia común de que "el mejor gobierno era el menos gobierno". Sin embargo, tras el terremoto de San Francisco, cuando los partidos políticos dirigidos por la élite empresarial fallaron a la clase trabajadora de la ciudad, y cuando muchos civiles de California perdieron sus empleos durante la Gran Depresión, el estado tenía una necesidad imperiosa de un gobierno progresista y eficaz. Aunque California había realizado algunos movimientos políticos progresistas con anterioridad, como la instalación de la Ley de Compensación, Seguro y Seguridad de los Trabajadores en 1913, las primeras reformas políticas reales en California ocurrieron realmente en Washington, cuando el presidente Franklin D. Roosevelt intervino durante la Gran Depresión y ayudó a regular la economía. Sin embargo, incluso con la instalación de ayudas públicas, la población de California no estaba satisfecha con sus líderes, y el malestar social no hizo más que crecer con la llegada de inmigrantes que ocupaban los puestos de trabajo californianos durante la Gran Depresión. Aunque el malestar político había ido creciendo desde principios de siglo, el resentimiento culminó en la década de 1930, cuando estallaron violentas protestas y huelgas de trabajadores en todo el estado, siendo uno de los peores enfrentamientos el "Jueves Sangriento", también conocido como la Huelga General de San Francisco de 1934.

Aunque hubo protestas y huelgas de los desempleados, la población empleada de California tampoco estaba contenta con sus condiciones. Los que trabajaban lo hacían en jornadas excesivamente largas y en condiciones horribles a cambio de una mala paga, y durante la Gran Depresión, los empleados estaban hartos y empezaron a formar y unirse a sindicatos para tomar medidas. La huelga general de San Francisco de 1934 comenzó después de que Harry Bridges, fundador y líder del sindicato International Longshoremen's Association (ILA), liderara a los trabajadores descontentos en su huelga laboral el 9 de mayo de 1934. Esta huelga inspiraría a docenas de otros grandes sindicatos a reunirse a lo largo de la costa del Pacífico y en el resto de California. Después de poco menos de dos meses de huelga, las tensiones aumentaron al negarse las compañías navieras a cooperar con las demandas del ILA de mejores condiciones de trabajo y salarios. Finalmente, el 5 de julio de 1934, el descontento de la ciudad de San Francisco, de los miembros del ILA en huelga y de las compañías navieras culminó en un sangriento enfrentamiento, que se saldó con decenas de heridos de ambos bandos y la muerte de dos. El suceso del 5 de julio de 1934, que llegó a conocerse como el "Jueves Sangriento", puso fin a la huelga del ILA, ya que las compañías navieras cedieron a sus demandas. Los resultados de la huelga de la ILA inspiraron a casi todos los empleados del área de la bahía de San Francisco a declararse en huelga por sus propios derechos, y la ciudad estuvo casi totalmente cerrada por los empleados en huelga durante cuatro días. Las empresas del área de la Bahía finalmente cedieron a las peticiones de sus empleados, y estos eran conscientes de que, aunque sus peticiones fueron atendidas, las condiciones de trabajo durante la Gran Depresión seguían siendo malas. Por ello, formaron sindicatos y amenazaron con huelgas cuando fue necesario.

Sin embargo, a pesar de que las malas condiciones de trabajo mejoraron ligeramente durante la Gran Depresión, la política de California seguía siendo un tanto desordenada. A pesar de que el estado estaba en desorden, millones de personas estaban desempleadas y cientos de miles no tenían hogar, los líderes californianos gastaron con cierta frivolidad el dinero del estado para poner a California en el mapa mundial y establecer la economía del estado para el futuro. En 1932, la ciudad de Los Ángeles celebró los Juegos Olímpicos en su estadio, que había sido construido en la década anterior. Las celebraciones olímpicas por todo lo alto que conocemos hoy en día están acreditadas por haber nacido en los Juegos Olímpicos de 1932, donde la ciudad estableció el estándar actual para las ceremonias de apertura, las amplias instalaciones para los atletas y todo el arte del evento. En palabras del periodista Westbrook Pegler, «vine para hacer la crónica del mayor desastre deportivo, me voy para describir su mayor triunfo». Al año siguiente, comenzó la construcción del puente de la bahía de San Francisco-Oakland y del emblemático puente Golden Gate. A lo largo de la década de 1930 se construyeron varias de las infraestructuras más importantes y emblemáticas de California, como la emblemática Coit Tower y la presa Hoover. Esta última no solo proporcionaría agua potable, sino que también permitiría al estado cosechar energía hidroeléctrica.

Aunque el país admiraba a los presidentes Herbert Hoover, hasta cierto punto, y Franklin D. Roosevelt durante y después de los años de la Gran Depresión, los californianos no tenían ninguna fuerza política dentro de su propio estado a la que acudir en busca de alivio durante los años difíciles. Aunque el Partido Demócrata mejoró su posición en el estado a lo largo de los primeros años del siglo XX, el

Partido Republicano seguía siendo, con diferencia, la opción más popular; algo de esto puede atribuirse a que los partidos fueron cambiando lentamente sus plataformas a lo largo de los años. En 1930, el estado eligió al republicano James Rolph Jr. (conocido como "Sunny Jim") como gobernador de California, y aunque había sido alcalde de San Francisco durante los años 1912 a 1931, no estaba en absoluto preparado para su papel como líder del estado durante el peor periodo económico del país hasta la fecha. El gobernador Rolph perdió rápidamente su popularidad y, a finales de la década, California elegiría a su primer gobernador demócrata del siglo XX. Desde el sucesor de James Rolph, Frank Merriam, hasta la actualidad, el cargo de gobernador de California oscilaría entre candidatos republicanos y demócratas. Al momento de escribir este artículo, desde James Rolph, California no ha tenido tres gobernadores distintos del mismo partido de forma consecutiva, lo que no hace más que mostrar la inestabilidad de la política californiana, algo que realmente comenzó durante la Gran Depresión.

En general, el estado de California se encontraba en una extraña situación a principios del siglo XX. Tras años de inmigración masiva a raíz de la expansión de los ferrocarriles, el estado soportó una serie de desastres sociales y naturales, que dejaron a los civiles en un estado de desorden. Aunque la clase trabajadora, concretamente la minoritaria, de California nunca lo tuvo fácil, la disparidad entre la élite rica y la clase trabajadora pobre se hizo cada vez más evidente, y el resentimiento público culminó finalmente con huelgas y disturbios.

La Segunda Guerra Mundial

Cuando comenzó la Segunda Guerra Mundial en 1939, los Estados Unidos eran reacios a entrar, ya que todavía sufrían los efectos de la Gran Depresión y no había pasado mucho tiempo desde la Primera Guerra Mundial. Esto era especialmente cierto en California, que se había convertido en un estado algo adormecido, con el desempleo en su punto más alto. Sin embargo, poco a poco, parecía que la entrada de Estados Unidos en la guerra era casi inevitable. Aun así, los californianos eran reacios a unirse de nuevo a otra guerra devastadora, pero esta actitud cambiaría el 7 de diciembre de 1941, debido al ataque a Pearl Harbor. Dado que Pearl Harbor estaba a solo unos 3.000 kilómetros de Los Ángeles, los californianos sintieron la necesidad de proteger a su país y a su familia, y en el transcurso de los meses siguientes, California se convirtió en un participante de pleno derecho en los esfuerzos bélicos de los aliados. Al igual que la fiebre del oro lo había sido hace casi un siglo, la Segunda Guerra Mundial fue una llamada de atención para la población y la economía de California. De forma similar a su reacción durante la Primera Guerra Mundial, California centró gran parte de su atención en la fabricación de aviones, aunque también se abrieron en el estado otras industrias de fabricación de armamento. Las granjas, las fábricas y los astilleros se expandieron y, de repente, necesitaron miles de trabajadores, lo que puso fin rápidamente a las altas tasas de desempleo que habían asolado el estado y el país desde la Gran Depresión. Aunque más de 800.000 hombres californianos se alistarían en el ejército de Estados Unidos y lucharían en el extranjero, millones serían entrenados en instituciones militares californianas, lo que significaba que, una vez más, la principal contribución del estado a la guerra no sería en hombres, sino en suministros, instalaciones de entrenamiento, alimentos y armamento.

Aunque la Primera Guerra Mundial había creado la industria aeronáutica de California, durante la Gran Depresión apenas hubo demanda de aviones californianos. El comienzo de la Segunda Guerra Mundial forzaría un crecimiento monumental de la industria. Los californianos diseñaron, fabricaron y ensamblaron todo tipo de aviones, desde grandes bombarderos hasta pequeños y rápidos aviones de combate, inyectando millones de dólares en una economía que antes estaba en dificultades. Junto con la industria aeronáutica, se produjeron avances tecnológicos generales, como el desarrollo de radares, radios y ordenadores, que darían lugar a la industria tecnológica del estado, que pronto explotaría. Además de la tecnología, la guerra impulsó los campos y las granjas del estado, que se habían extinguido durante la década anterior. Al final de la guerra, California aportaría más alimentos y otros suministros de guerra generales (armas, tecnología, aviones, etc.) a los Estados Unidos y a los militares aliados que cualquier otro estado del país.

Durante la guerra, a medida que aumentaba la necesidad de empleados en las siempre crecientes industrias de la aviación, la agricultura y la fabricación de armas, los puestos no solo serían ocupados por las mujeres del estado, sino también por más de un millón de estadounidenses que habían emigrado rápidamente a California en busca de empleo. Aunque la población de California había crecido desde la fiebre del oro, no habría un mayor aumento de población desde la fiebre del oro que durante la Segunda Guerra Mundial. Entre 1940 y 1942, la población del estado aumentaría en casi un millón de personas, y para 1950, la población total había crecido hasta 10.677.000, un aumento de más de 3,7 millones de personas en la década. La Segunda Guerra Mundial impulsó esencialmente el avance del estado hacia el futuro, haciendo progresar su industria agrícola y cambiando su economía hacia el desarrollo tecnológico y la fabricación.

La Segunda Guerra Mundial representó una época de muchas luchas sociales y reformas para los diversos grupos de California. Probablemente el grupo más afectado por la Segunda Guerra Mundial fue el de los japoneses, que representaban una población bastante pequeña en California en la década de 1940. La población japonesa había llegado a California sobre todo a principios del siglo XX para sustituir a los chinos en las granjas cuando la retórica antichina se hizo cada vez más popular. Al igual que los chinos, los trabajadores japoneses habían sufrido los prejuicios y el resentimiento de los californianos blancos que no encontraban trabajo a principios del siglo XX. Sin embargo, la hostilidad hacia los japoneses-estadounidenses empeoró realmente al comienzo de la Segunda Guerra Mundial, cuando Japón se puso del lado del Eje. Tras el ataque japonés a Pearl Harbor, la opinión de los estadounidenses hacia los japoneses empeoró, sobre todo debido al alarmismo de los medios de comunicación, y al final de la Segunda Guerra Mundial, Estados Unidos había encarcelado a unos 112.000 japoneses estadounidenses, muchos de los cuales llevaban muchas décadas viviendo en el país. Los prisioneros no eran solo hombres, sino también mujeres y niños, y dado que en California se encontraba alrededor del 74% de la población japonesa de Estados Unidos, la mayoría de los campos de internamiento se encontraban en el propio estado de California. Tras los sucesos de Pearl Harbor, pasarían décadas hasta que el intenso y temeroso racismo estadounidense contra los japoneses-estadounidenses se aligerara, y Estados Unidos no emitiría realmente una disculpa por su trato a los japoneses-estadounidenses durante la Segunda Guerra Mundial hasta la década de 1980. En la década de 1940, la población japonesa-estadounidense en California disminuiría en más de 10.000 personas, y los japoneses no se sentirían lo suficientemente seguros como para regresar a California hasta la década siguiente.

Otro grupo que se enfrentó al racismo en California durante la Segunda Guerra Mundial fue el de los afroamericanos, muchos de los cuales habían emigrado a California a medida que las industrias del estado estaban en auge y la necesidad de mano de obra estaba en demanda. Aunque los prejuicios en California no eran tan generalizados como en otros estados del sur de Estados Unidos, la población negra de California seguía estando sometida a un grave racismo, segregación, prejuicios y violencia. Las condiciones que la población afroamericana se vio obligada a soportar durante la guerra inspirarían gran parte del movimiento por los derechos civiles, que cobraría impulso durante la siguiente década.

Aunque muchas minorías raciales siguieron sufriendo el racismo en el transcurso de la Segunda Guerra Mundial, otros grupos se las arreglaron para conseguir reformas sociales y ganar libertades. Al igual que durante la Primera Guerra Mundial, con las masas de hombres californianos que se alistaron en el ejército en la Segunda Guerra

Mundial, se permitió y animó a las mujeres a unirse a la fuerza de trabajo. Durante la Segunda Guerra Mundial, las mujeres ocuparon puestos de trabajo en las diversas industrias en expansión. Sin embargo, una vez más, al igual que en la Primera Guerra Mundial, las reformas solo durarían un tiempo. Cuando los hombres regresaron de la guerra, las mujeres que habían ayudado a llevar la economía del país durante la ausencia de los soldados fueron alentadas a dejar sus trabajos y volver a ser amas de casa tradicionales, lo que ayudaría a alimentar el feminismo y el movimiento por los derechos de la mujer, que crecería astronómicamente en las décadas siguientes.

Los efectos de la Segunda Guerra Mundial

En 1945, la guerra llegó a su fin, y aunque 26.019 californianos que sirvieron en la Segunda Guerra Mundial habían perdido la vida, más de 800.000 regresaron a casa, cansados y con necesidad de rehabilitación. En 1947, más de la mitad de los veteranos, o GIs, como se les llegó a conocer, seguían en el paro y, junto a otros cientos de miles, solicitaron prestaciones de desempleo para mantenerse a flote. Aunque el mercado californiano se había visto enormemente favorecido por la Segunda Guerra Mundial, que ayudó al estado a recuperarse de los efectos de la Gran Depresión, California tenía la segunda tasa de desempleo de veteranos más alta de Estados Unidos. A pesar de las dificultades a las que se enfrentaban los veteranos a su regreso a California, estaban mucho mejor que los soldados que habían regresado de batallas anteriores a la Segunda Guerra Mundial. Esto se debió a la Ley de Derechos de los Veteranos de 1944. La Ley GI no solo ayudó a los veteranos (GI) que estaban desempleados, sino que también les ayudó a encontrar y pagar casas y terrenos, atención médica y educación. Con la Ley GI animando a los veteranos a volver a la escuela, las escuelas postsecundarias californianas, que en ese momento no estaban bien establecidas, vieron un crecimiento masivo de estudiantes, lo que permitió a las universidades y colegios construir campus más grandes en toda California.

Los veteranos de California no fueron los únicos que lucharon por encontrar empleo durante la década de 1950. Aunque la Segunda Guerra Mundial ayudó a hacer crecer la economía del estado, una vez que terminó y la demanda de tecnología, aviones y fabricación ya no era tan urgente, la economía californiana entró en un periodo de depresión. El año siguiente a la finalización de la guerra, la tasa de desempleo de California se situaba justo por debajo del 9%, una cifra increíblemente alta en comparación con la media de Estados Unidos, que era del 3,9%. En general, la razón principal de la elevada tasa de desempleo era el constante crecimiento de la población de California a lo largo del siglo XX, que no se había detenido en los años durante o después de la Segunda Guerra Mundial. Entre 1945 y 1950, la población de California crecería en más de un millón de personas, lo que significa que desde el comienzo de la guerra en 1939 hasta 1950, la población de California aumentó en casi cuatro millones de personas. Parte de esta inmigración se debió a que millones de soldados regresaron a Estados Unidos a través de los centros de desembarco de California. Las Naciones Unidas también se reunieron por primera vez en San Francisco, en la Ópera. Esto permitió que miles y miles de veteranos conocieran California, muchos de los cuales decidirían rápidamente hacer del estado su hogar. En general, no había suficientes puestos de trabajo para la creciente población, así como para los militares que regresaban y las mujeres que habían estado empleadas durante la Segunda Guerra Mundial, algunas de las cuales querían mantener sus puestos de trabajo.

A pesar de que los primeros años de la posguerra fueron bastante difíciles para los californianos, tanto para los que habían permanecido en el estado como para los que habían regresado recientemente, la economía se recuperó rápidamente y se adaptó a la entrada de Estados Unidos en la Guerra Fría. Los efectos de la Segunda Guerra Mundial fueron comparables a los de la fiebre del oro. A lo largo de las décadas de 1940 y 1950, la economía continuó estableciéndose y prosperando, mientras la población crecía gradualmente, lo que provocó una serie de movimientos sociales, reformas y cambios.

California en la década de 1950

En palabras de Earl Warren, que fue gobernador de California entre 1943 y 1953, «La guerra nos ha hecho saltar hacia nuestro futuro». Aunque las industrias de guerra de California tuvieron una demanda muy baja en los primeros años tras la Segunda Guerra Mundial, en 1947, la necesidad de Estados Unidos de armamento, tecnología y aeronaves volvió a surgir cuando el país entró en la Guerra Fría. A finales de la década de 1950, más de tres millones de personas en el estado trabajaban en empleos relacionados con la defensa de la Guerra Fría, y el sur de California se convirtió en el primer fabricante de aviones de Estados Unidos.

Durante la década de 1950, el empleo no era un problema tan importante como las viviendas, de las que el estado tenía una gran carencia. Hasta ese momento, la población urbana se concentraba totalmente en unas pocas ciudades, por lo que las regiones rurales de California permanecían en su mayoría sin desarrollar. Sin embargo, esto ya no serviría para la enorme población de California. En los años que siguieron a la Segunda Guerra Mundial, las ciudades de California se extendieron en todas las direcciones como no lo habían hecho antes, y se crearon los suburbios de la ciudad, con casas sencillas de construcción rápida, para dar cabida a las masas que buscaban establecerse. Junto con la creación de los suburbios llegó la creación de la clase media, que ya existía en California; sin embargo, en su mayor parte, California estuvo dividida en pobres y ricos de élite hasta el final de la Segunda Guerra Mundial. Aunque la clase media prosperaba en los suburbios, la gran mayoría de la clase media trabajadora seguía empleada en las ciudades, lo que significaba que necesitaba un medio de transporte estable para ir y volver del trabajo cada día. Por ello, en la década de 1950, la propiedad de automóviles se disparó, al igual que el consumismo en general. Las familias de clase media gastaban excesivamente en productos que antes de la guerra ni siquiera podían soñar con tener, como los lavavajillas. En la década de 1960, más del 80% de la población estadounidense poseía un televisor, que había sido un artículo de lujo en las décadas posteriores a su creación. A medida que la clase media consumía, la economía de California prosperaba, y los cientos de nuevas fábricas de las recién creadas industrias de fabricación de productos creaban puestos de trabajo en la ciudad para los desempleados. Así, se hizo común que los civiles más pobres de Estados Unidos acudieran a las ciudades desde las zonas rurales, donde la mayoría de la clase baja había vivido anteriormente. Vivir en la ciudad significaba que no eran necesarios los coches, que había trabajos disponibles y que las casas eran más antiguas y, por tanto, más baratas. A medida que la población urbana se extendía hacia los suburbios, la población de clase media recién asentada buscaba puestos de trabajo, escuelas, zonas comerciales y, por supuesto, carreteras, en su área inmediata, lo que también impulsó la industria de los materiales de construcción y el sector del empleo en la construcción. En general, la economía del estado no solo se recuperó en los años posteriores a la Segunda Guerra Mundial, sino que creció astronómicamente, convirtiendo a California en uno de los estados más ricos del país y en una de las regiones más ricas del mundo.

Sin embargo, una vez más, esta imagen de los éxitos de California en los años posteriores a la Segunda Guerra Mundial no incluye a la totalidad del estado, y aunque el estado de California se hizo más rico, esta riqueza realmente solo alcanzó a aquellos que ya tenían privilegios antes de que comenzara la guerra. Si bien es cierto que más de un tercio de las mujeres de California estaban empleadas en la década posterior a la Segunda Guerra Mundial, esto no se debía, en su mayor parte, a que las mujeres quisieran estar empleadas, sino a que pertenecían a una familia más pobre que no podía vivir solo del salario del marido. Esto era especialmente común en el caso de los inmigrantes recientes y las minorías raciales, que luchaban por conseguir una movilidad ascendente entre los estadounidenses blancos. Un grupo que sufría esta situación era la población latinoamericana. Cuando la economía de California se disparó en la década de 1950, tanto los ricos como los pobres abandonaron las zonas rurales, donde las granjas seguían necesitando trabajadores. Esto llevó a Estados Unidos a crear el Programa Bracero, que alentó y facilitó que más de 200.000 latinoamericanos, en su mayoría de México, se trasladaran a Estados Unidos y trabajaran en las granjas, que por lo general ofrecían un salario más bajo y menos seguro que las florecientes industrias de las ciudades. Además de tener trabajo por temporadas y trabajar muchas horas por poco dinero, los latinoamericanos se encontraron con los prejuicios, la discriminación y, a veces, la violencia de los propietarios de las granjas californianas, que sabían que podían salirse con la suya, ya que los trabajadores necesitaban el trabajo. Aunque el Programa Bracero terminó en 1964, todavía hoy hay cientos de miles de trabajadores latinoamericanos mal pagados y maltratados en las granjas californianas y estadounidenses. Aunque los latinoamericanos que llegaron a través del Programa Bracero ayudaron a restablecer y alimentar la industria agrícola de California, no eran técnicamente ciudadanos de California, y si la temporada de cultivo era mala y la granja necesitaba menos trabajadores ese año, los latinoamericanos, que a menudo se habían establecido en California con sus visados de trabajo, se veían obligados a regresar a su anterior hogar. Los trabajadores que querían quedarse en California podían obtener un visado después de haber trabajado en el estado durante un número determinado de años, pero el camino para obtener un visado era difícil, e incluso si obtenían la ciudadanía, la movilidad ascendente era igualmente difícil.

La situación también seguía siendo difícil para la comunidad afroamericana de California, aunque estaba mejorando. En la década de 1950, el movimiento por los derechos civiles, con Martin Luther King Jr. como una de sus figuras, comenzó a hacer progresos para mejorar la situación de todas las minorías raciales en toda América. A mediados de la década de 1950, se produjeron boicots, concentraciones y protestas que finalmente llamaron la atención sobre la necesidad de un cambio. Aunque los mexicano-estadounidenses habían comenzado a desegregar las escuelas de California ya en la década de 1940, no sería hasta 1955 cuando Estados Unidos votaría oficialmente la desegregación de las escuelas. La desegregación del mercado de la vivienda no tardó en llegar, lo que permitió a los afroamericanos y a otras minorías raciales de California y del resto de Estados Unidos tener la oportunidad de comprar propiedades en zonas prometedoras, asistir a mejores escuelas y ascender en la sociedad, que hasta entonces había estado casi totalmente limitada por las restricciones del gobierno. Aunque los años que siguieron a la guerra no fueron estupendos para todos, muchos grupos, como las minorías raciales, la comunidad LGBTQ y las mujeres, que habían sufrido anteriormente en California, empezaron a dar pasos hacia la obtención de algunas libertades y respeto.

Reformas sociales en los años 60 y 70

Si la década de 1950 en California representó un período de crecimiento económico astronómico y el comienzo de las reformas sociales, las décadas de 1960 y 1970 representaron un período de cambio y desarrollo social astronómico. Hasta la década de 1930, California había sido casi enteramente republicana, e incluso a medida que las minorías raciales inmigraban al estado y se ponían en marcha las reformas sociales, la población seguía siendo bastante tradicional y de derechas en sus opiniones. Aunque California votaría a su primer gobernador demócrata en 1939 y numerosos movimientos de liberación tomarían forma en los años durante y después de la Segunda Guerra Mundial, no sería hasta la década de 1960 que el estado se volvería más izquierdista y demócrata. No sería hasta la década de 1990 cuando California se convertiría en un estado mayoritariamente demócrata, y así sigue siendo hasta hoy. En muchos sentidos, estos cambios políticos se venían gestando desde los albores del siglo XX, pero el verdadero caldo de cultivo de las ideas izquierdistas, que se extenderían por todo el estado en el transcurso de las siguientes décadas, fueron las escuelas postsecundarias de California. Durante el siglo XX, el porcentaje de la población que tenía o planeaba asistir a la universidad o a la escuela superior aumentó de forma espectacular, especialmente gracias a las ayudas económicas para la educación concedidas a los soldados que regresaban de la Segunda Guerra Mundial. Hasta los años 60, la educación superior estaba reservada sobre todo a quienes tenían el privilegio de ir, pero eso estaba a punto de cambiar. En la década de 1960, los niños de la posguerra que habían nacido en los hogares de la clase media suburbana se habían convertido en jóvenes adultos, y con el privilegio de no tener que trabajar, la universidad se convirtió en el siguiente paso común para todos los veinteañeros que buscaban conocer a gente de su edad, en lugar de ser un lujo para aquellos que buscaban incorporarse a la fuerza laboral o buscaban ampliar su educación. Rápidamente, las universidades de California evolucionaron hasta convertirse en un lugar para conocer amigos, salir de fiesta, unirse a clubes y, quizás sobre todo, ampliar la mente a las reformas sociales necesarias para hacer del país un lugar mejor para todos. En la década de 1960, en casi todas las universidades de California, pero sobre todo en la Universidad de California en Berkeley, los estudiantes compartían y difundían ideas liberales de izquierda, lo que dio lugar a manifestaciones estudiantiles. A lo largo de las décadas de 1960 y 1970, la Universidad de Berkeley y otras universidades californianas serían una fuerza destacada en el movimiento por los derechos civiles, el movimiento por la libertad de expresión y el movimiento por los derechos de la mujer. También participaron en protestas, concentraciones y manifestaciones contra el colectivo LGBTQ y la guerra de Vietnam, ayudando a poner en marcha numerosas reformas sociales y a difundir las ideas liberales por todo el estado.

Las universidades de California también contribuyeron a sentar el precedente de los movimientos culturales en ciernes de Estados Unidos. En los años posteriores a la Segunda Guerra Mundial, California se convertiría en el epicentro de casi todos los movimientos culturales. Los Ángeles se convirtió no solo en una ciudad para el cine, sino también para la música, y la ciudad ayudó a establecer muchos iconos musicales. San Francisco tendría su famoso Verano del Amor, un movimiento hippie, que obligó al país a reflexionar sobre su actitud hacia las relaciones, las drogas y el arte. En los años sesenta y setenta, California heredó cerca de ocho millones de inmigrantes llegados de todo el mundo, pero a diferencia del pasado, la gente no llegaba para hacerse rica o comprar propiedades y empezar una nueva vida. En cambio, la gente llegaba para unirse a los movimientos culturales que se estaban produciendo.

California en los años 80 y 90

El crecimiento demográfico provocado por los movimientos sociales de California en las décadas de 1960 y 1970, que se prolongó hasta la década de 1980, fue especialmente evidente en las ciudades californianas más pequeñas con universidades. Llegaron estudiantes de todo el país para estudiar en las universidades de California, que se habían convertido en una especie de sueño para los estudiantes interesados en la política y de mentalidad liberal, muchos de los cuales se quedaron en el estado después de graduarse. San Diego, que en 1950 tenía una población de solo 333.865 habitantes, acabó recibiendo una gran parte de los graduados universitarios, y la población creció hasta superar el millón de personas en 1990.

La década de 1980 también representaría un período de muchas reformas sociales para casi todos los grupos de California, muchas de las cuales habían sido provocadas por el trabajo de los estudiantes de las décadas de 1960 y 1970. En la década de 1980, por primera vez en muchos años, la población de nativos americanos en California aumentaría significativamente, al igual que las poblaciones de casi todas las minorías étnicas del estado debido al aumento de la inmigración extranjera. A medida que California se ganaba su reputación de izquierdista y liberal, millones de personas acudían a las ciudades de mentalidad abierta. Esto se puede ver, por ejemplo, en San Francisco con el crecimiento de la comunidad LGBTQ, ya que esta ciudad se hizo rápidamente conocida como la ciudad más abierta a los gay de Estados Unidos.

Sin embargo, aunque el final del siglo XX marcaría el periodo de mayor aceptación, conciencia y apertura de California hasta la fecha, las cosas estaban lejos de solucionarse. A pesar de todos los éxitos de los distintos movimientos de los años 60 y 70, los problemas de prejuicios del estado no se resolvieron, y el racismo continuó, dando lugar a violentas protestas y concentraciones. La comunidad LGBTQ también sufrió durante las décadas de 1980 y 1990, pero su principal problema ya no era la discriminación y la violencia, sino el SIDA, que no solo mataría a miles de jóvenes LGBTQ, sino que también perjudicaría la reputación de los LGBTQ, ya que los civiles empezaron a tenerles miedo.

La industria tecnológica de California, que se había creado esencialmente durante la Segunda Guerra Mundial, tuvo un gran auge durante la revolución digital de los años ochenta. En la década de 1980, las empresas de California se habían trasladado casi por completo de San Francisco al sur de California. Dicho esto, el incipiente Silicon Valley del norte de California, situado en torno a San José, pronto se convertiría en la capital de la tecnología y de las empresas emergentes de Estados Unidos. Sin embargo, tras años de crecimiento económico casi ininterrumpido, los últimos años de la década de 1980 y los primeros de la década de 1990 marcarían la primera recesión financiera del estado desde el periodo inmediatamente posterior a la Segunda Guerra Mundial. Esta recesión financiera afectó en realidad a gran parte del mundo, pero hubo dos razones principales para los problemas fiscales en California. En primer lugar, durante las décadas de 1980 y 1990, el estado sufrió sequías y otros desastres naturales que afectaron a la agricultura. En segundo lugar, en 1991, Estados Unidos puso oficialmente fin a la Guerra Fría, lo que supuso que las industrias de fabricación de tecnología, aviones y armamento de California tuvieran mucha menos demanda.

Al igual que la pequeña recesión que se produjo justo después de la Segunda Guerra Mundial, California se recuperó con bastante rapidez de la recesión de 1980-1990, y los años siguientes a la recesión representarían un crecimiento acelerado masivo en muchas industrias y en la economía del estado en su conjunto. La principal razón de la rápida recuperación de California en la década de 1990 fue la demencial explosión del sector de la alta tecnología, del que Silicon Valley se convirtió rápidamente en el centro. Aunque Silicon Valley ya se había establecido como contendiente en la carrera tecnológica del país con las invenciones del microchip por parte de Intel en 1971 y del PC por parte de Apple en 1977, su crecimiento a lo largo de la década de 1990 no tendría parangón. Esto se debió principalmente al crecimiento generalizado de Internet en los años 90 y a la inmigración de extranjeros altamente especializados que querían unirse a los avances tecnológicos de Silicon Valley. Silicon Valley se convertiría también en la capital de las start-ups, ya que personas innovadoras y creativas se trasladaron a la zona para crear sus empresas. Con el tiempo, Silicon Valley albergaría la mayoría de las empresas más notables y prósperas del país, y en la actualidad Silicon Valley cuenta con Apple, Adobe, Facebook, Netflix, PayPal y Tesla, por nombrar algunas. Miles de personas llegaron a Silicon Valley con la esperanza de financiar su próxima gran idea, y los inversores, con la esperanza de adquirir un porcentaje de lo que posiblemente se convertiría en la próxima mayor empresa del mundo, estaban más que dispuestos a conseguir contratos millonarios.

Capítulo 10 - La California actual (2000-2021)

La economía de California en el siglo XXI

Internet trajo a Silicon Valley, California y Estados Unidos un crecimiento económico espectacular, similar al de la FIEBRE DEL ORO, ya que el índice bursátil Nasdaq casi se cuadruplicó en cinco años. Finalmente, tras más de una década de crecimiento sin precedentes, la burbuja bursátil estalló a finales de 2002 y provocó la caída de cientos, si no miles, de las empresas que se habían creado en el Silicon Valley de California. A principios del siglo XXI, la economía californiana también se vio afectada por los efectos del 11 de septiembre y los problemas energéticos que provocaron apagones continuos, afectando negativamente a casi todas las empresas de California. Al igual que antes, California reconstruiría su economía una vez más en el nuevo milenio y se establecería como uno de los estados más prósperos de Estados Unidos. Aunque se vería afectada por varias recesiones mundiales, como la de 2008, California ha mantenido su posición como el estado con el mayor PIB (producto interior bruto) de la nación. Dicho esto, en el siglo XXI, la división entre la clase alta y las clases media y baja, que siempre había existido en California, se ha ampliado exponencialmente. Aunque California es uno de los estados más ricos de la nación, la riqueza no está distribuida, y la poseen casi en su totalidad las élites de la sociedad, como los empresarios de Silicon Valley y los famosos de Hollywood Hills. De hecho, California tiene una de las mayores poblaciones de personas sin hogar de Estados Unidos.

La política de California en el siglo XXI

En 2003, los californianos votaron a Arnold Schwarzenegger como gobernador de su estado, y aunque Schwarzenegger no fue el primer actor o celebridad en la política (el que más le precedió fue el presidente Ronald Regan), fue sin duda una elección controvertida. Incluso antes de que Arnold Schwarzenegger fuera elegido, al igual que Donald Trump, se había ganado su lugar como una celebridad controvertida con opiniones que iban en contra de la escena liberal y demócrata de Hollywood. Para muchos, Schwarzenegger representó un periodo de regresión social, ya que impuso leyes que muchos consideraron que perjudicaban directamente a los grupos minoritarios, como cuando él y el Tribunal Supremo de California prohibieron el matrimonio entre personas del mismo sexo en 2008. En general, California está lejos de ser perfecta y, socialmente, aún le queda camino por recorrer, pero se considera que el estado es mucho más tolerante con los grupos minoritarios que otros estados de Estados Unidos. Tras el mandato de Schwarzenegger, no ha habido ningún otro gobernador republicano en California, ya que el estado se ha convertido en un estado de tendencia demócrata, algo a lo que se encaminaba desde las décadas de 1960 y 1970.

Conclusión

El desarrollo de California siempre ha dependido por completo de sus inmigraciones masivas, que comenzaron con los 49ers durante la fiebre del oro. Como la gente venía de todo el mundo para experimentar lo que habían oído, leído y eventualmente visto en las películas, pocos querían dejar el clima templado y los hermosos paisajes de California. Esto fue así durante todas las inmigraciones masivas que rodearon la fiebre del oro, la Gran Depresión y la Segunda Guerra Mundial. Aunque las inmigraciones masivas permitieron que la economía de California creciera astronómicamente en solo unos siglos, no estuvieron exentas de problemas. El estado de California estaba habitado desde hacía mucho tiempo por los primeros colonos de la región, que fueron expulsados continuamente de su hogar a medida que llegaban los inmigrantes. De hecho, muchas tribus nativas de California fueron reubicadas fuera de sus tierras ancestrales y del estado por completo. Además de los californianos nativos, los inmigrantes en masa trajeron extranjeros de casi de todas partes, como Asia, Estados Unidos, Sudamérica, Europa, etc.

Sin embargo, a pesar de que California fue robada a los nativos americanos, muchos de los grupos que llegaron a lo largo de los últimos siglos se sintieron con derecho a la tierra. Al principio, los españoles hicieron sufrir a los nativos americanos. Cuando la República de México adquirió México, tanto los nativos americanos como los españoles sufrieron. Cuando Estados Unidos adquirió México, los tres grupos sufrieron. Durante la fiebre del oro, California recibió su primera inmigración masiva, y aunque llegaron extranjeros de todo el mundo para intentar hacerse ricos, las minorías raciales, incluidos los mexicanos y los nativos americanos, que habían vivido en California mucho antes de la fiebre del oro, se vieron resentidos por los blancos recién llegados, al igual que otras minorías raciales, sobre todo los asiáticos, que llegaron al mismo tiempo. Con las inmigraciones masivas de California llegarían los derechos masivos, el resentimiento y los problemas sociales.

Durante muchos años, California siguió siendo bastante similar a los demás estados del sur, ya que era bastante tradicional, segregada y de derechas según los estándares actuales. Sin embargo, con el tiempo, las minorías raciales empezaron a ser mayoría y, en poco tiempo, la opinión pública empezó a cambiar. Con el crecimiento generalizado de las universidades y otras escuelas de educación postsecundaria en las décadas de 1960 y 1970 llegó la difusión masiva de información, y en poco tiempo, las universidades de California se convirtieron en el hogar de casi todos los movimientos sociales de izquierda del país. Los estudiantes lucharon por los derechos de las mujeres, del colectivo LGBTQ, de los afroamericanos y de los asiáticos, así como por muchas otras cuestiones. A finales del siglo XX, California se había convertido en un estado de tendencia izquierdista, y acabó convirtiéndose en el estado que reconocemos hoy en día, una población liberal predominantemente demócrata

Sin embargo, todavía tiene muchos problemas que afrontar. Por ejemplo, la California actual es el estado más poblado y rico del país, pero la riqueza solo está en manos de unos pocos, y la brecha de riqueza y los prejuicios sociales siguen estando muy presentes. Solo el tiempo dirá si California sigue abrazando su actual postura liberal o si cambia a una perspectiva más conservadora, un patrón que puede verse a lo largo de la historia del estado.

Vea más libros escritos por Captivating History

Bibliografía

Alaska Public Land Information Centers. "How Close Is Alaska to Russia?" Your Guide to Experiencing Alaska's Public Lands. July 05, 2017. Consultado en febrero 20, 2021.
https://www.alaskacenters.gov/faqs-people-often-ask/how-close-alaska-russia.

Bacich, Damian, Dr. "Timeline: European Exploration and Settlement of California". The California Frontier Project. June 01, 2018. Consultado en febrero 24, 2021.
https://www.californiafrontier.net/timeline-european-exploration-settlement/.

Bacich, Damian, Dr. "Juan Bautista De Anza: Son of the Frontier". The California Frontier Project. September 30, 2020. Consultado en febrero 24, 2021. https://www.californiafrontier.net/juan-bautista-de-anza-son-of-the-frontier/.

Britannica, The Editors of Encyclopedia. "Pomo". Encyclopedia Britannica. June 10, 2019. Consultado en febrero 23, 2021.
https://www.britannica.com/topic/Pomo-people.

Britannica, The Editors of Encyclopedia. "Chumash". Encyclopedia Britannica. May 24, 2019. Consultado en febrero 23, 2021.
https://www.britannica.com/topic/Chumash.

Britannica, The Editors of Encyclopedia. "Gold Rush". Encyclopedia Britannica. October 16, 2019. Consultado en febrero 24, 2021. https://www.britannica.com/event/gold-rush.

Britannica, The Editors of Encyclopedia. "Hollywood". Encyclopedia Britannica. November 19, 2019. Consultado en febrero 25, 2021. https://www.britannica.com/place/Hollywood-California.

Britannica, The Editors of Encyclopedia. "Miwok". Encyclopedia Britannica. April 8, 2020. Consultado en febrero 23, 2021. https://www.britannica.com/topic/Miwok.

Britannica, The Editors of Encyclopedia. "Juan Rodríguez Cabrillo". Encyclopedia Britannica. March 9, 2020. Consultado en febrero 23, 2021. https://www.britannica.com/biography/Juan-Rodriguez-Cabrillo.

Britannica, The Editors of Encyclopedia. "San Diego". Encyclopedia Britannica. May 7, 2020. Consultado en febrero 24, 2021. https://www.britannica.com/place/San-Diego-California.

Britannica, The Editors of Encyclopedia. "St. Junípero Serra". Encyclopedia Britannica. November 20, 2020. Consultado en febrero 24, 2021. https://www.britannica.com/biography/Saint-Junipero-Serra.

Britannica, The Editors of Encyclopedia. "Mexican-American War". Encyclopedia Britannica. November 10, 2020. Consultado en febrero 24, 2021. https://www.britannica.com/event/Mexican-American-War.

Britannica, The Editors of Encyclopedia. "Bear Flag Revolt". Encyclopedia Britannica. Febrero 14, 2020. Consultado en febrero 24, 2021. https://www.britannica.com/event/Bear-Flag-Revolt.

Britannica, The Editors of Encyclopedia. "California Gold Rush". Encyclopedia Britannica. May 27, 2020. Consultado en febrero 24, 2021. https://www.britannica.com/topic/California-Gold-Rush.

Britannica, The Editors of Encyclopedia. "San Francisco Earthquake of 1906". Encyclopedia Britannica. May 12, 2020. Consultado en febrero 25, 2021. https://www.britannica.com/event/San-Francisco-earthquake-of-1906.

Britannica, The Editors of Encyclopedia. "Juan Ponce De León". Encyclopedia Britannica. January 01, 2021. Consultado en febrero 24, 2021.

https://www.britannica.com/biography/Juan-Ponce-de-Leon.

Britannica, The Editors of Encyclopedia. "John Sutter". Encyclopedia Britannica. Febrero 12, 2021. Consultado en febrero 24, 2021.
https://www.britannica.com/biography/John-Sutter.

California Military History. "Proclamation of the Bear Flag Revolt". The Mexican War and California. June 23, 2017. Consultado en febrero 24, 2021.

http://www.militarymuseum.org/BearFlagRevolt.html.

California Native American Heritage Commission. "Short Overview of California Indian History". California Indian History – California Native American Heritage Commission. 2021. Consultado en febrero 18, 2021. http://nahc.ca.gov/resources/california-indian-history/.

California State Capitol Museum. "Called to Action: California's Role in WW2".

California Transformed. 2016. Consultado en febrero 26, 2021.

http://www.capitolmuseum.ca.gov/special/ww2/introduction/california-transformed.

California State Parks. "Hernando de Alarcón Expedition". State of California. 2021.

Consultado en febrero 24, 2021.
https://ohp.parks.ca.gov/ListedResources/Detail/568.

California State University. "Mexican California: The Heyday of the Ranchos". California History Online | The First Californians. 2021. Consultado en febrero 24, 2021.
http://www.csun.edu/~sg4002/courses/417/readings/mexican.pdf.

California State University. "The Great Depression: California in the Thirties". CSUN. 2021. Consultado en febrero 25, 2021.

http://www.csun.edu/~sg4002/courses/417/readings/depression.pdf.

Caryl-Sue, National Geographic Society. "Columbus Makes Landfall in the Caribbean". National Geographic Society. September 6, 2020. Consultado en febrero 24, 2021.
https://www.nationalgeographic.org/thisday/oct12/columbus-makes-landfall-caribbean/.

De Portola Middle. "Who Is Gaspar de Portola?" We've Got History. 2021. Consultado en febrero 24, 2021.

https://deportola.sandiegounified.org/about_us/who_is_gaspar_de_portola.

Defense Language Institute Foreign Language Center. "History of the Presidio of

Monterey". DLIFLC. 2021. Consultado en febrero 24, 2021.

https://www.dliflc.edu/about/command-history/online-exhibit-history-of-the-presidio-of-monterey/.

Desert USA and Digital West Media, Inc. "Juan Bautista De Anza". Desert USA. 2020. Consultado en febrero 24, 2021.
https://www.desertusa.com/desert-people/juan-bautista-de-anza.html.

Fen Montaigne, Jennie Rothenberg Gritz. "The Story of How Humans Came to the Americas Is Constantly Evolving". Smithsonian.com. Jan. & Feb. 2020. Consultado en febrero 18, 2021.
https://www.smithsonianmag.com/science-nature/how-humans-came-to-americas-180973739/.

Frommer's. "History in California". Frommer's. 2021. Consultado en febrero 26, 2021.

https://www.frommers.com/destinations/california/in-depth/history.

Greshko, Michael. "Humans in California 130,000 Years Ago? Get the Facts". Culture. April 26, 2017. Consultado en febrero 18, 2021.
https://www.nationalgeographic.com/culture/article/mastodons-americas-peopling-migrations-archaeology-science.

History.com Editors. "Vasco Núñez De Balboa". History.com. August 21, 2018. Consultado en febrero 24, 2021.
https://www.history.com/topics/exploration/vasco-nunez-de-balboa.

History.com Editors. "Hollywood". History.com. March 27, 2018. Consultado en febrero 25, 2021. https://www.history.com/topics/roaring-twenties/hollywood.

History.com Editors. "California Becomes the 31st State in Record Time". A&E Television Networks. September 9, 2020. Consultado en febrero 24, 2021. https://www.history.com/this-day-in-history/california-becomes-the-31st-state-in-record-time.

Inda, Estella. "What's in a Name—California". San Jose Public Library. September 01, 2018. Consultado en febrero 23, 2021. https://www.sjpl.org/blog/whats-name-california.

Innes, Ralph Hammond. "Hernán Cortés". Encyclopedia Britannica. January 07, 2021. Consultado en febrero 24, 2021. https://www.britannica.com/biography/Hernan-Cortes.

Keen, Benjamin. "Vasco Núñez De Balboa". Encyclopedia Britannica. January 08, 2021. Consultado en febrero 24, 2021. https://www.britannica.com/biography/Vasco-Nunez-de-Balboa.

Lonely Planet. "History of California". Lonely Planet. 2021. Consultado en febrero 26, 2021. https://www.lonelyplanet.com/usa/california/history#110261.

Los Angeles Almanac. "Pio Pico - Last Governor of Mexican California". Los Angeles Almanac. 2021. Consultado en febrero 24, 2021.
http://www.laalmanac.com/history/hi05s.php.

MacroTrends. "California Population 1900–2020". MacroTrends. 2021. Consultado en febrero 26, 2021. https://www.macrotrends.net/states/california/population.

Martha Heasley Cox Center for Steinbeck Studies. "1920 to 1930: A Period of Extremes". 1920 to 1930 | Steinbeck in the Schools | San Jose State University. October 25, 2016. Consultado en febrero 26, 2021.
https://sits.sjsu.edu/context/historical/hist_context_1920s/index.html.

Martha Heasley Cox Center for Steinbeck Studies. "1950-1960 Laying the Foundation". Steinbeck in the Schools | San Jose State University. October 25, 2016. Consultado en febrero 26, 2021.
https://sits.sjsu.edu/context/historical/hist_context_1950s/index.html.

Martha Heasley Cox Center for Steinbeck Studies. "World War II Homefront". Steinbeck in the Schools | San Jose State University. October 25, 2016. Consultado en febrero 26, 2021.
https://sits.sjsu.edu/context/historical/hist_context_1940s_homefront/index.html.

McNamee, Gregory Lewis, and Neil Morgan. "California". Encyclopedia Britannica. Febrero 04, 2021. Consultado en febrero 24, 2021.

https://www.britannica.com/place/California-state.

National Historic Trail. "Juan Bautista De Anza". Welcome to the Anza Historic Trail. 2021. Consultado en febrero 24, 2021.
http://www.anzahistorictrail.org/.

National Park Service U.S Department of the Interior. "The Bering Land Bridge Theory". National Parks Service. January 29, 2021. Consultado en febrero 20, 2021.
https://www.nps.gov/bela/learn/historyculture/the-bering-land-bridge-theory.htm.

National Parks Service. "Early History of the California Coast". National Parks Service. Consultado en febrero 23, 2021.
https://www.nps.gov/nr/travel/ca/intro.htm#:~:text=On September 28, 1542, Juan,land for thousands of years.

New World Encyclopedia. "Atsugewi". Atsugewi - New World Encyclopedia. April 26,

2016. Consultado en febrero 21, 2021.

https://www.newworldencyclopedia.org/entry/Atsugewi.

New World Encyclopedia. "Modoc People". Modoc People - New World Encyclopedia. October 12, 2018. Consultado en febrero 21, 2021.

https://www.newworldencyclopedia.org/entry/Modoc_people.

New World Encyclopedia. "Achomawi". Achomawi - New World Encyclopedia. November 3, 2019. Consultado en febrero 21, 2021.

https://www.newworldencyclopedia.org/entry/Achomawi.

O'Brien, Cynthia, and Jamie Kiffel Alcheh. "Native People of California". History. Febrero 16, 2021. Consultado en febrero 18, 2021.

https://kids.nationalgeographic.com/history/article/native-people-of-california.

Oakland Museum of California. "Early Statehood: 1850–1880s: Federal Indian Policy & the Modoc War". Picture This. 2021. Consultado en febrero 25, 2021. http://picturethis.museumca.org/timeline/early-statehood-1850-1880s/modoc-war/info.

Oakland Museum of California. "Progressive Era: 1890–1920s: Immigration Period of Restrictions". Picture This. 2021. Consultado en febrero 25, 2021. http://picturethis.museumca.org/timeline/progressive-era-1890-1920s/immigration-period-restrictions/info.

Oakland Museum of California. "Early Statehood: 1850–1880s: Women's Rights". Picture This. 2021. Consultado en febrero 25, 2021. http://picturethis.museumca.org/timeline/early-statehood-1850-1880s/womens-rights/info.

Oakland Museum of California. "Progressive Era: 1890–1920s: Effects of 1906 Earthquake". Picture This. 2021. Consultado en febrero 25, 2021.

http://picturethis.museumca.org/timeline/progressive-era-1890-1920s/effects-1906-earthquake/info.

Oakland Museum of California. "Depression Era: 1930s: Depression". Picture This. 2021. Consultado en febrero 26, 2021. http://picturethis.museumca.org/timeline/depression-era-1930s/depression/info.

Oakland Museum of California. "Depression Era: 1930s: 'Bloody Thursday' & Other Labor Strikes". Picture This. 2021. Consultado en febrero 26, 2021. http://picturethis.museumca.org/timeline/depression-era-1930s/political-protest/info.

Pastron, Otto. "California in WW1 - Then". United States Foundation for the Commemoration of the World Wars. 2021. Consultado en febrero 26, 2021. https://www.worldwar1centennial.org/index.php/california-in-ww1-then.html.

PBS. "The West - Junipero Serra". Public Broadcasting Service. 2001. Consultado en febrero 24, 2021. https://www.pbs.org/weta/thewest/people/s_z/serra.htm.

PBS American Experience. "Transcontinental Railroad Timeline". PBS. 2021. Consultado en febrero 24, 2021. https://www.pbs.org/wgbh/americanexperience/features/tcrr-timeline/.

PBS American Experience. "Workers of the Central and Union Pacific Railroad". PBS. 2021. Consultado en febrero 24, 2021. https://www.pbs.org/wgbh/americanexperience/features/tcrr-workers-central-union-pacific-railroad/.

Prine, Paul E., and Lowell John Bean. "California Indian". Encyclopedia Britannica. May 29, 2019. Consultado en febrero 18, 2021. https://www.britannica.com/topic/California-Indian.

San Diego History Center. "Sebastián Vizcaíno". San Diego History Center: San Diego, CA: Our City, Our Story. 2021. Consultado en febrero 24, 2021. https://sandiegohistory.org/archives/biographysubject/vizcaino/.

San Diego Tourism Authority. "History: San Diego's 250th Anniversary". History. November 21, 2019. Consultado en febrero 24, 2021. https://sandiego250.com/history/.

Santa Cruz Museum of Natural History. "Virtual Exhibit: First Peoples of California". Santa Cruz Museum of Natural History. November 03, 2020. Consultado en febrero 18, 2021.
https://www.santacruzmuseum.org/first-peoples-of-california-virtual-exhibit/.

Smithsonian National Postal Museum. "Settlement of California". Settlement of California | National Postal Museum. 2021. Consultado en febrero 24, 2021.

https://postalmuseum.si.edu/exhibition/celebrating-hispanic-heritage-growth-settlement-of-the-southwest/settlement-of-california.

Starr, Kevin. *California: A History.* Modern Library, 2007.

State of California. "The Civil War in California". California Department of Parks and Recreation. 2021. Consultado en febrero 24, 2021.

https://www.parks.ca.gov/?page_id=26775.

Steen, Francis F. "Local California Chronology 2: The First European Contact". 2. The First European Contact. March 31, 2002. Consultado en febrero 24, 2021.

http://cogweb.ucla.edu/Chumash/California_First_Europeans.html.

The American Battlefield Trust. "10 Facts: California during the Civil War". American Battlefield Trust. May 31, 2018. Consultado en febrero 24, 2021. https://www.battlefields.org/learn/articles/10-facts-california-during-civil-war.

The American Oil & Gas Historical Society. "First California Oil Wells". American Oil & Gas Historical Society. September 07, 2020. Consultado en febrero 25, 2021. https://www.aoghs.org/petroleum-pioneers/first-california-oil-well/.

The California Historical Society. "Meanwhile out West: Colonizing California, 1769-1821". California Historical Society. June 27, 2019. Consultado en febrero 24, 2021.
https://californiahistoricalsociety.org/exhibitions/meanwhile-out-west-colonizing-california-1769-1821/.

The Library of Congress. "The First Peoples of California". California as I Saw It: First-Person Narratives of California's Early Years, 1849 to 1900. 2021. Consultado en febrero 18, 2021.
https://www.loc.gov/collections/california-first-person-narratives/articles-and-essays/early-california-history/first-peoples-of-california/.

The Library of Congress. "Spanish California". California as I Saw It: First-Person Narratives of California's Early Years, 1849 to 1900. 2021. Consultado en febrero 23, 2021.
https://www.loc.gov/collections/california-first-person-narratives/articles-and-essays/early-california-history/spanish-california/.

The Library of Congress. "Mexican California: Early California History: An Overview: Articles and Essays". California as I Saw It: First-Person Narratives of California's Early Years, 1849-1900. 2021. Consultado en febrero 24, 2021.
https://www.loc.gov/collections/california-first-person-narratives/articles-and-essays/early-california-history/mexican-california/.

The Library of Congress. "The United States and California". California as I Saw It: First-Person Narratives of California's Early Years, 1849 to 1900. 2021. Consultado en febrero 24, 2021.
https://www.loc.gov/collections/california-first-person-narratives/articles-and-essays/early-california-history/united-states-and-california/.

The Library of Congress. "The Discovery of Gold". The Library of Congress. 2021. Consultado en febrero 25, 2021.
https://www.loc.gov/collections/california-first-person-narratives/articles-and-essays/early-california-history/discovery-of-gold/.

The Library of Congress. "The Mines". The Library of Congress. 2021. Consultado en febrero 24, 2021.
https://www.loc.gov/collections/california-first-person-narratives/articles-and-essays/early-california-history/mines/.

The Library of Congress. "Government and Law". The Library of Congress. 2021. Consultado en febrero 24, 2021.
https://www.loc.gov/collections/california-first-person-narratives/articles-and-essays/early-california-history/government-and-law/.

The Library of Congress. "From Gold Rush to Golden State". The Library of Congress. 2021. Consultado en febrero 24, 2021.
https://www.loc.gov/collections/california-first-person-narratives/articles-and-essays/early-california-history/from-gold-rush-to-golden-state/.

The Library of Congress. "California: Magnet for Tourists and Home Buyers". The Library of Congress. 2021. Consultado en febrero 25, 2021.

https://www.loc.gov/collections/california-first-person-narratives/articles-and-essays/early-california-history/magnet-for-tourists-and-home-buyers/.

The Library of Congress. "Other Californians". The Library of Congress. 2021. Consultado en febrero 25, 2021.
https://www.loc.gov/collections/california-first-person-narratives/articles-and-essays/early-california-history/other-californians/.

The Library of Congress. "The Turn of the Century in California". The Library of Congress. 2021. Consultado en febrero 25, 2021.
https://www.loc.gov/collections/california-first-person-narratives/articles-and-essays/early-california-history/turn-of-the-century-in-california/.

The National Parks Service. "Five Views: An Ethnic Historic Site Survey for California (Japanese Americans)". U.S. Department of the Interior. November 17, 2004. Consultado en febrero 26, 2021.
https://www.nps.gov/parkhistory/online_books/5views/5views4b.htm.

The National Parks Service. "National Park Service". National Parks Service. March 22, 2005. Consultado en febrero 24, 2021.

https://www.nps.gov/parkhistory/online_books/explorers/sitee4.htm.

The National Parks Service. "California's Role in the Civil War". U.S. Department of the Interior. May 13, 2020. Consultado en febrero 24, 2021.

https://www.nps.gov/goga/learn/historyculture/california-in-civil-war.htm.

The National Parks Service. "San Diego Mission Church (San Diego De Alcala)–Early History of the California Coast–A National Register of Historic Places Travel Itinerary". National Parks Service. 2021. Consultado en febrero 24, 2021.

https://www.nps.gov/nr/travel/ca/ca3.htm.

U.S. Geological Survey. "The Great 1906 San Francisco Earthquake". U.S. Geological Survey. 2021. Consultado en febrero 25, 2021.

https://earthquake.usgs.gov/earthquakes/events/1906calif/18april/.

Union Pacific. "Union Pacific History and Chronologies". Union Pacific. 2021. Consultado en febrero 24, 2021.
https://www.up.com/heritage/history/.

University of California. "San Francisco General Strike". Calisphere. 2005. Consultado en febrero 25, 2021.
https://calisphere.org/exhibitions/31/san-francisco-general-strike/.

University of Minnesota Libraries. "Sea Otter". The University of Minnesota Libraries. 2021. Consultado en febrero 24, 2021.
https://www.lib.umn.edu/bell/tradeproducts/seaotter.

University of Virginia. "'Free Labor' Ideology in the North". Virginia Center for Digital History. 2005. Consultado en febrero 24, 2021.

http://www.vcdh.virginia.edu/solguide/VUS06/essay06c.html.

Made in United States
Troutdale, OR
03/29/2025